플랫폼의 미래
서브스크립션

플랫폼의 미래, 서브스크립션

초판 1쇄 인쇄일 2018년 9월 19일 • 초판 1쇄 발행일 2018년 9월 27일

지은이 앤 잰저 • 옮긴이 이미숙

펴낸곳 도서출판 예문 • 펴낸이 이주현

등록번호 제307-2009-48호 • 등록일 1995년 3월 22일 • 전화 02-765-2306

팩스 02-765-9306 • 홈페이지 www.yemun.co.kr

주소 서울시 강북구 솔샘로67길 62(미아동, 코리아나빌딩) 904호

ISBN 978-89-5659-350-0

4차 산업혁명 시대, 소비 시장은 어디로 움직이는가

플랫폼의 미래
서브스크립션

앤 잰저 지음
이미숙 옮김

추천의 글

서브스크립션 기업의 경우 기존 고객을 유지하는 것이 신규 고객에게 판매하는 것보다 훨씬 수익성이 높다. 앤 잰저는 판매 전후에 가치를 부가하고 고객을 육성해 오늘날의 실시간 사업 환경에서 성공을 거두는 방법을 보여준다.

데이비드 머맨 스콧David Meerman Scott, 아랍어와 베트남어 등 25개 국어로 발행된
베스트셀러 《마케팅과 PR의 새로운 규칙The New Rules of Marketing and PR》 저자

이 책은 기업이 서브스크립션 경제를 이용하는 한편 잠재적인 함정을 피하도록 돕는 탁월한 입문서이다. 이 책은 명확하고 단도직입적이며 신기하게도 전문 용어가 없다.

앤 핸들리Ann Handley, 마케팅프로프스MarketingProfs의 최고 콘텐츠 책임자,
월스트리트저널 베스트셀러 《마음을 빼앗는 글쓰기 전략Everybody Writes》 저자

마침내 '지도'가 등장했다. 앤 잰저는 고객이 구독 기간 내내 자신이 받는 서비스의 가치를 정확히 이해하는 것이 얼마나 중요한지 설명하고, 나아가 이를 실천할 지도(방침)를 제공한다.

미셸 레인지Michelle Lange SUBTASubscription Trade Association, 서브스크립션 동업 조합 공동 창립자

유료 미디어에서 소유 미디어로 옮겨가는 조직이 점점 증가함에 따라 우리가 제공하는 정보의 구독자를 확보하고 유지하는 것이 어느 때보다 중요해졌다. 앤의 책을 읽어라. 그러면 효과적인 서브스크립션 전략을 수립하고 실행하는 데 필요한 모든 것을 얻을 것이다.

조 풀리치Joe Pulizzi, 콘텐츠 마케팅 연구소장Content Marketing Institute,
《콘텐츠 주식회사Content Inc》와 《서사적인 콘텐츠 마케팅Epic Content Marketing》 저자

우리는 누구나 오래 머물고 더 많이 구매하며, 우리와의 관계를 확장하고, 친구와 동료에게 우리를 추천하는 고객을 원한다. 이처럼 대단히 가치 있는 결과를 꾸준히 얻을 수 있는 단 하나의 방법은 고객이 우리와의 관계에서 꾸준히 더 많은 가치를 얻도록 만드는 것이다. 이 책은 이를 성취할 방법을 정확히 보여준다.

링컨 머피Lincoln Murphy, 《고객 성공Customer Success》 저자, 식스틴 벤처스Sixteen Ventures 설립자

지난 5년 동안 모든 마케팅 조직은 사고방식을 완전히 바꾸었다. 앤 잰저는 서브스크립션이 지배하는 세계에서 가치 기반 마케팅이 마주하게 된 새로운 현실을 상세하게 설명한다. 평생 고객을 참여시키고 유지하는 비결과 전략을 제시하는 이 책은 모든 마케팅 조직의 필독서이다.

랜디 브래쉬Randy Brasche, 지그널 랩스Zignal Labs 마케팅 담당 부사장

모든 영업·마케팅 전략은 기존 고객 기반을 핵심 요소로 삼아야 한다. 하지만 이 사실은 간과되기 일쑤이다. 잰저의 탁월한 책은 이 '따기 쉬운 과일low-hanging fruit'과 이를 이용해 수익성을 높일 방법에 초점을 맞춘다. 이 책은 마케팅 예산을 극대화하기 위해 노력하는 사람, 즉 모든 사람의 필독서이다.

톰 호건Tom Hogan, 크라우디드 오션Crowded Ocean의 창립자 겸 사장

오늘날의 마케팅 조직에서 고객 성공과 고객 참여는 어느 때보다 중요하다. 새로운 서브스크립션 경제를 위한 매력적인 마케팅 프로그램을 구성하는 것은 그 도전을 기꺼이 배우고 수용하는 팀에게 가슴 설레는 기회가 될 것이다.

존 로브John Robb, 기업가, VM웨어VMware의 前 총괄 책임자

완전히
바뀌는
소비 플랫폼의 미래

나는 최근 몇 년 동안 내 구매 행동의 미묘한 변화를 감지했다. 과거에 비해 구매하는 '물건'이 적어졌다. 한바탕 과감하게 집안을 정리했기 때문이 아니다. 더는 구매가 내가 할 수 있는 유일한 선택이 아니기 때문이다. 나는 예전 같았으면 구매^{소유}했을 만한 것들을 구독할 수 있다.

음악은 많이 듣지만 CD는 예전만큼 사지 않는다. DVD를 사는 대신 넷플릭스^{Netflix}나 레드박스^{Redbox}에서 영화를 대여하거나 아니면 넷플릭스와 아마손^{Amazon}에서 스트리밍 한다.

소프트웨어 박스와 사용설명서로 빼곡하게 차 있던 내 사무실의

7

모습은 이제 달라졌다. 나는 각종 웹사이트와 이메일 플랫폼은 물론이고 마이크로소프트 오피스 365 Microsoft Office 365에 이르기까지 거의 모든 것을 구독한다. 내 브로드밴드 데이터와 휴대폰 요금제이 또한 구독한 것이다를 통해 이 모든 디지털 서비스를 받는다. 회원제인 지역 YMCA와 〈뉴욕타임스 New York Times〉 등 아주 오래전부터 꾸준히 구독해온 서비스도 있다.

여러분은 이제 감을 잡았을 것이다.

서브스크립션 subscription, 구독은 내가 일상생활에서 직면하는 여러 가지 선택지 가운데 한 가지이며, 짐작컨대 여러분에게도 마찬가지일 것이다.

수많은 패스워드를 어떻게 관리하는가? 점점 성장하는 서브스크립션의 세계에 깊숙이 참여할 한 가지 살마리는 바로 이것이다. 지혜로운 사람이라면 원치 않았던 이런 부작용에 대처할 패스워드 매니저를 구독할 것이다.

세대 문제도 중대한 요소이다. 이제 성인이 된 내 자녀들은 즉석음식, 의류, 안전면도날 등 나보다 더 많은 서비스를 구독한다. 앞으로 이 외에 어떤 서비스가 더 등장할지 모를 일이다.

바야흐로 구독자의 사회가 도래하고 있다. 서브스크립션은 결정에 따르는 고통을 줄여준다. 소유와 관리의 부담을 덜어준다. 자동화나 정기 서비스라는 편리함을 제공한다. 무엇이 담겨올지 모르는 크리스

마스 선물 같은 '서브스크립션 박스'는 즐거움을 전해준다. '지금 구매하기' 버튼보다는 '가입'이나 '구독' 버튼을 클릭하는 경우가 점점 증가하고 있다.

서브스크립션이 대세가 되고 있다

2015년 1월 이 책의 초판이 출간되었을 때 나는 사람들의 어리둥절한 표정을 많이 보았다. '구독 마케팅에 관한 책이라고? 잡지와 신문 판매에 관한 건가?' 이랬던 사람들이 이제는 모두 서브스크립션 서비스를 궁금해한다. 어떻게 자사를 서브스크립션 기업으로 변신시키고 기존 고객을 구독자로 만들 것인지 고민한다. 반복총수입 모델을 채택하거나 자사 제품에 유료나 무료 구독 모델을 추가하는 기업도 급증하고 있다.

실제로 다음과 같은 상품들은 빠른 속도로 서브스크립션화 되고 있다.

- 사람들이 적극적으로 구독하는 서비스들
- 선불 방식의 클라우드 기반 소프트웨어들
- 유료 회원 가입 커뮤니티나 구매 프로그램들

- 규칙적으로 반복 구매되는 물리적인 상품 또는 디지털 상품들
- 프린터나 화학물질 등의 상품을 지원하거나 일괄적으로 제공하는 '관리 서비스' 등 전문 서비스나 산업 서비스들

서브스크립션 경제 또는 서브스크립션 사업의 영역이 확장되고 있다. 이 같은 변화를 이해하고 싶다면 주오라^{Zuora}에서 개발한 서브스크립션 경제지수^{Subscription Economy® Index}를 살펴보라. 서브스크립션 관리 소프트웨어를 제공하는 주오라는 서브스크립션에 대한 의존도가 높은 고객사들에게 서브스크립션 트렌드에 관한 독특한 통찰력을 제공한다.

현재 거의 모든 산업이 성장세에 있는 이 경제 분야에 참여하고 있다. 스타트업은 서브스크립션 모델로 출범하는 한편, 기존의 거대 기업은 변신을 시도 중이다. 유니레버^{Unilever}는 2016년에 10억 달러를 투자해 서브스크립션 안전면도날 회사를 인수했다. 여러분의 회사가 이런 서브스크립션 경제에 관심을 갖지 않더라도 경쟁회사는 십중팔구 동참할 것이다.

머지않아 이를 그냥 '경제'라고 불러야 할 날이 올지 모른다. 서브스크립션이라는 말을 붙일 필요조차 없을 날이 곧 올 것이다.

주오라의 최고 데이터 과학자^{Chief Data Scientist}는 고객사들의 포트폴

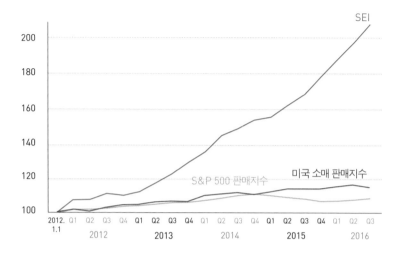

주오라의 서브스크립션 경제지수(SEI)와 S&P 500의 매출 성장 비교

리오에서 데이터를 수집해 이들 기업의 단면을 보여주는 서브스크립션 경제지수를 만들었다. 2012년 1월부터 2016년 9월까지 서브스크립션 경제지수는 S&P 500 판매지수S&P 500 Sales Index와 미국 전체 소매 판매지수US Retail Sales Index에 비해 각각 9배와 4배 빠른 속도로 성장했다.

서브스크립션 경제가 도래해 한창 번창하고 있다.

이 책의 초판을 출간했던 2015년 초반 이후 서브스크립션 매출의 성장 속도는 특히 빨랐다. 이 책에서 설명하는 여러 가지 기법들은

프롤로그_완전히 바뀌는 소비 플랫폼의 미래

2년 전보다는 현재의 기업에 더 효과적이다.

성장의 필수 요건 : 이탈에 대응하기

서브스크립션 매출이 성장하면 성장의 최대 도전, 즉 이탈 또한 커진다. 고객이 떠나거나 반복 수익이 사라질 때 이탈이 일어난다. 서브스크립션의 세계에서 이탈은 성장의 반대말이다.

사람들은 편리하거나 재미있거나 저렴하다는 등 다양한 이유로 어떤 서비스를 구독한다. 하지만 구독을 취소하거나 축소해야 할 이유도 이에 못지않게 많다.

흥미로워 보이는 소프트웨어의 무료 버전에 가입했다가 잊고 사용하지 않은 경험이 있는가?^{나는 있다.} 온라인 콘텐츠를 서브스크립션 하고 몇 달이 지난 다음, 받은 편지함을 가득 채운 이메일들에 놀라서 한꺼번에 구독을 취소해본 경험이 있지는 않은가? 매달 반복적으로 청구서가 날아오는 구독 비용을 줄이기 위해 방안을 모색해본 적이 있는가? 이를테면 휴대폰 요금제에 포함된 디바이스의 개수나 가입돼 있는 케이블방송 채널의 개수를 줄일 수 있다. 그러면 여러분은 여전히 고객으로 남더라도 기업의 수익은 감소할 것이다.

유선 방송에서 탈퇴하거나, 여러 스트리밍 서비스를 이용하는 대신 한 가지 업체의 서비스를 구독하는 등 보다 저렴한 옵션을 선택하기 위해 전환을 시도하는 경우도 많다.

소비자의 이탈을 가로막는 장벽은 낮다. 개인의 경우, 예를 들어 어떤 음식 배달 서비스를 구독하고 있는데 친구가 더 좋은 서비스를 알려준다면 아마도 즉시 사용하는 서비스를 바꿀 것이다. 기업도 마찬가지다. 전사적全社的으로 사용 중인 소프트웨어를 새로운 서브스크립션으로 전환하려면, 새로운 과금 체계와 사용방식에 적응하고 데이터를 옮기는 작업이 필요하다. 그렇다 해도 이는 새로운 인프라스트럭처를 구축하는 것보다 훨씬 쉽고 간단하다. 우리는 '이탈의 세계'에 거주하는 구독자들이다.

주오라 서브스크립션 경제지수에는 이탈에 대한 새로운 데이터가 담겨 있다. 기업 대 기업, 기업 대 소비자 분야의 연간 평균 이탈률은 각각 24퍼센트와 31퍼센트였다. 이는 실제로 높은 수치이다. 하지만 성장 속도가 빠르면 살아남을 수 있다. 다시 말해, 이탈률이 이 정도로 높다 해도 대처할 방법이 존재한다.

이탈이 마케팅에 미치는 영향

앞서 말했듯 우리는 이탈의 세계에 살고 있다. 하지만 이탈률이 높더라도 지레 체념할 필요는 없다.

전통적인 사업 모델에서 마케팅과 판매 부서는 경쟁업체에 신규 매출을 빼앗길까 봐 고심한다. 즉, 기존 고객을 관리하는 것보다는 신규 고객을 창출하는 데 더 많은 신경을 쓴다. 반대로 서브스크립션 사업 모델에서 우리의 기존 고객은 경쟁업체의 좋은 사냥감이다. 선불로 대금을 지불하는 구독자는 고객으로 남을 것인지^{갱신} 아니면 경쟁업체로 옮길 것인지^{이탈} 결정하는 일을 반복한다. 기업에 선행 투자를 하지 않은 구독자로서는 전환하고픈 충동이 생길지 모른다.

이탈에 지속적으로 초점을 맞추는 것은 서브스크립션 기업에 몸담은 모든 마케터의 의무이다. 이탈률이 높다는 것은 마케터 입장에서는 기회가 있음을 의미한다. 마케팅 캠페인나 고객 성공 활동을 통해 이탈률을 낮추면 눈에 띄는 성과를 얻을 수 있고, 지속적으로 수익과 성공을 거둘 가능성이 크다.

서브스크립션 경제에서 판매에만 초점을 맞춘 채 기존 고객을 무시한다면 이는 마케터로서의 임무를 절반만 수행하는 것이다.

이탈은 온갖 종류의 문제를 일으키며 개중에는 당신이 통제할 수 없는 문제도 많을 것이다. 대개 가입과 그 이후의 경험에 대해 고객이 품는 기대에 제대로 부응하지 못한 탓에 이런 문제가 발생한다. 서브스크립션 경험이 구독자가 예상한 대로 전개되지 않은 것이다.

서브스크립션 마케터는 다음과 같은 방법으로 고객 이탈률을 낮출 수 있다.

- 실제 세계의 고객 욕구를 이해하고 대처한다.
- 적절한 고객당신의 솔루션 또는 서비스의 가치를 이해하는 사람들을 유치한다.
- 판매가 끝난 후 시간이 흐른 뒤에도 계속해서 고객이 가치를 경험하게끔 보살핀다.
- 구독자 기반에 대한 충성과 지지를 불러일으키기 위하여 지속적인 관계를 맺는다.

전통적인 마케팅 전략과 테크닉은 첫 판매에 초점을 맞추어 가망고객을 고객으로 변화시킨다. 서브스크립션 마케팅은 판매 시점에서 장기적이고 계속 진행되는 관계로 초점을 옮긴다. 서브스크립션 기업의 입장에서 구독자는 곧 가망고객이며, 따라서 지속적으로 관계를 맺고 보살펴야 마땅하다.

이 책은 마케터들에게 기존 마케팅 관행에 핵심 목표, 즉 '가치 키우기'를 추가하길 제안한다. 가치 키우기는 첫 판매가 끝난 후에 진행된다. 고객이 솔루션에서 얻을 수 있는 가치를 성취하고 실현하도록 돕는 것이 그 목표이다.

서브스크립션 기업은 가치 키우기를 통해 장기적인 수익을 거둘 수 있다. 가치를 실현한 고객은 구독을 갱신할 것이다. 경쟁업체에서 이 고객을 꾀어내려면 가일층 노력해야 한다. 이 고객은 다른 서비스를 업그레이드하거나 구매함으로써 더욱 충실한 지지자가 될 것이다.

누가 이 책을 읽어야 하는가

이 책의 초판에서는 서브스크립션에 맞춰 변화해야 할 마케팅 관행과 이를 위한 테크닉에 초점을 맞추려고 노력했다. 이후 사람들과 이야기를 나누면서 나는 다음과 같은 진리를 확인했다.

조직을 경계 짓는 것이야말로 구독자 경험의 적이다.

앞으로 설명할 가치 키우기 전략은 흔히 마케팅 조직 외부에서 진행된다. 예를 들어, 신규 구독자를 영입하거나 구독을 갱신하도록 권장하는 캠페인을 제작 또는 실행하는 것은 대개 고객 성공팀의 역할이다. 그러므로 서브스크립션 마케팅은 전통적인 조직의 영역을 넘어서서 보다 전체적으로 조망될 필요가 있다.

성공적인 서브스크립션 기반 기업의 마케팅은 다음과 같이 이루어진다.

- 마케터는 전체 고객 여정에서 진행되는 일에 초점을 맞추고 모험을 두려워하지 않는다. 그러기 위해 기존의 안일한 경계와 조직 사이에 존재하는 꽉 막힌 담을 벗어난다.
- 이를 통해 수립한 마케팅 관행과 메시지를 기업 내 다른 분야의 인원들이 받아들인다.

이번 개정판에는 서브스크립션 사업 모델의 변형 사례, 위험과 도전에 관한 경고성 이야기, 그리고 변화하는 서브스크립션 기반 세계에 적응하기 위한 조직 재조정 등 마케팅의 전통적인 영역을 벗어나는 지침과 전략을 실었다.

이 책에서 다루는 전략과 개념은 다음의 사람들을 위한 것이다.

- 현재 서브스크립션 기반 상품을 보유하고 있거나, 론칭을 고려 중인 기업의 모든 마케터
- 서브스크립션 모델로 변화하는 기업에서 마케팅 전략을 세우고 이것이 전반적인 기업 문화 변화에 미치는 영향을 이해해야 할 경영자
- 수천만 구독자의 채택과 충성을 도모할 '로우 터치'low-touch '하이테크의 반동으로 등장한 인간적인 감정을 의미하는 '하이 터치'와 상대되는 말로, 더 원시적이고 인간적인 감정을 의미―옮긴이'나 자동화 전략을 모색하는 고객 성공팀

- 성숙한 서브스크립션 기업을 관리하며 구독자에게 적절하고 가치 있는 기업으로 남는 한편 이탈을 최소화할 방법을 모색하는 경영자
- 성공적인 그로스 해킹(growth hacking *성장(growth)과 해킹(hacking)의 합성어로, 한정된 예산에 맞춰 빠르게 성장해야 하는 스타트업에게 효과적이다—옮긴이)을 위해 노력하는 스타트업

이 책에는 다양한 산업의 기업 대 기업(B2B)과 기업 대 고객(B2C) 사례가 실려 있다. 서브스크립션 세계에서는 〈포춘〉 100대 기업과 스타트업 간의 공통점이 생각보다 많다. 경쟁업체의 동향을 살피기보다는 자사와 고객을 더 넓은 시각으로 이해하는 것이 바람직하다.

파트 1에서는 산업계 전반에서 일어나는 서브스크립션으로의 변화와 그런 변화가 마케팅에 미치는 영향을 설명한다. 전통적인 마케팅 깔때기(marketing funnel *마케팅을 통해 많은 소비자에게 브랜드나 상품을 각인시켜도 실제로 구매하는 사람은 많지 않음을 의미하는 용어—옮긴이) 비유의 한계뿐만 아니라 다양한 서브스크립션 사업 모델을 살펴본다. 아울러 가치 키우기(고객이 서브스크립션 경험에서 얻을 수 있는 가치를 깨닫도록 돕는 일) 관행을 정의한다.

파트 2에서는 고객 성공 촉진시키기, 가치 입증하기, 솔루션에 포함되지 않은 가치 추가하기, 고객의 가치관에 동조하기 등 매우 다양한 가치 키우기 전략을 다룬다. 뿐만 아니라 가치 키우기의 첫 관문인 무료 사용 전환에 관한 내용도 담았다. 파트 2의 전략들은 마케팅 관

행을 토대로 삼고 있지만, 마케터에게만 한정된 내용은 아니다. 서브스크립션 기반 기업에서는 모든 사람이 마케팅에 참여한다는 사실을 명심하라.

파트 3에서는 파트 2에서 다룬 여러 가지 전략을 실행에 옮기기 위한 방법들을 제시한다. 가치 키우기를 위한 사업 기반 구축하기, 판매 이후 마케팅 활동을 확대하기, 그리고 구독자를 육성하기 위한 필수 과정으로서 조직 정비하기 등의 주제가 포함된다.

흔히 발생하는 문제를 피하고 싶다면 서브스크립션 마케팅의 도전과 위험에 관한 챕터를 읽어라. 이제 막 서브스크립션 모델을 채택했다면 이 책을 이용해 진로를 계획하라. 이미 가치 키우기를 진행하는 중이라면 파트 2의 전략들을 검토해 활동을 확대하라. 개선하고 새로운 것을 시도할 여지는 항상 존재한다.

누구나 서브스크립션 전문가가 될 수 있다

이 책을 읽는 동안 호기심을 품고 주변 세상을 보라. 낭신은 매일 서브스크립션 마케팅 전략을 경험한다. 어떤 것이 당신에게 와 닿는가? 그것이 어떤 느낌을 주는가? 행동하게끔 당신을 자극하는 것은 무엇인가?

누구나 창의적이고 유능한 서브스크립션 전문가가 될 잠재력을 품고 있다. 기존의 통념을 넘어 지금껏 일을 처리했던 방식, 경쟁업체의 동향, 산업계의 동향 등을 더 심층적으로 살피는 것이 관건이다.

서브스크립션 기반 기업은 지속적으로 성공을 거두기 위해 가치를 부가하고 입증하며 키움으로써 고객과 장기적인 관계를 유지해야 한다. 이와 관련된 아이디어와 영감은 거의 모든 종류의 기업에서 얻을 수 있다.

이 책을 펼친 것만으로 당신은 이미 서브스크립션 기획과 마케팅의 상급 과정에 등록한 것이나 마찬가지다. 주변을 둘러보고 배워라.

PART 3 전략을 실행하기 위한 변화 이끌기

PART 1

서브스크립션
경제로의
이동이
시작되다

서브스크립션 경제의 성장

찰스 디킨스Charles Dickens는 빅토리아 여왕 시대의 영국에서 연재소설을 발표했다. 최초의 월간 연재물이었던 〈피크윅 문서Pickwick Papers〉는 그 시대의 '소프라노스'The Sopranos' 1999년부터 2007년까지 HBO에서 방영한 드라마로, 미국 케이블 TV 사상 최고 시청자를 기록함―옮긴이였다.

이처럼 서브스크립션구독 사업 모델의 역사는 최소한 신문이나 잡지에 버금갈 정도로 길다. 이것이 다시금 주목받게 된 것은 새로운 기술 덕분이다. 신기술들이 이 모델에 활력을 불어넣음으로써 제품과 서비스에 대한 접근 및 유통 과정이 단순해졌고, 그 결과 서브스크립션이 가능한 산업이 크게 증가하였다.

우리는 패키지 소프트웨어packaged software '프로그램 공급자가 판매하는 프로그램과

작동 사용법으로 구성된 패키지화된 소프트웨어—옮긴이를 구입하는 대신에 서브스크립션 박스에 가입하고, 동영상과 음악을 스트리밍 하고, 웹 기반 애플리케이션을 사용한다. 개인 생활에서도 똑같은 변화가 목도된다. 뿐만 아니라 서브스크립션은 사업의 판도를 개편해 기업의 소프트웨어 사용에서부터 저장, 텔레커뮤니케이션, 인쇄, 인력 서비스, 공급, 화학물질 등 모든 상품의 구입 방식을 바꾸고 있다.

서브스크립션으로 향하는 이 변화의 핵심은 단순히 수익이 아니다. 이것은 사실 인간 행동에 대한 이야기이다.

서브스크립션이 효과를 거두는 것은 우리가 그것을 원하기 때문이다. 우리가 서브스크립션을 선택하는 이유는 매우 다양하다. 구입하는 것보다 구독하는 것이 더 편리하다. 또, 살면서 결정해야 할 일이 너무 많은데 서브스크립션을 통해 결정의 부담을 덜 수 있다. 이따금 정체성과 커뮤니티를 위해 서브스크립션에 참여하기도 한다. 로비 백스터Robbie Baxter가 《멤버십 이코노미Membership Economy》에서 설득력 있게 말하듯이 "멤버십은 사람들을 서로 연결하는 한편 인정과 안정, 편리함을 제공한다."

점점 증가하는 개인화 트렌드 또한 서브스크립션 활용을 부추긴다. 자동화와 데이터의 바다에서 우리는 인정받는다는 느낌을 원한다. 기업은 개인화된 통찰력을 수집하기 위해서 고객과 장기적인 관계를 맺어야 한다. 그러려면 고객이 구독해줘야만 한다. 서브스크립션이나 멤버십은 장기적인 고객과의 관계를 제공하는 저장고이며, 진화하는 정보 주도 경제의 전쟁터이다.

서브스크립션 사업 모델이 우리의 행동을 바꾸고 있다.

요구하는 그 순간에 즉시 이용할 수 있는 개인화된 서비스로서 우리가 원하는 것을 제공하는 기업이 점점 증가하고 있다. 그렇게 삶의 한 영역에서 편리함과 기쁨을 경험하면, 다른 업체의 상품이나 서비스에 대해서 품는 기대감 역시 덩달아 높아진다. 자사를 차별화하기 위한 방법 중 하나로 시작한 서브스크립션이 이제 급속도로 경쟁의 필수조건, 다시 말해 21세기 고객에게 서비스를 제공하기 위해 지불해야 하는 일종의 참가비로 변하고 있다.

서브스크립션은 소비자들의 행동과 기업 조직을 바꾸고 있다. 이 변화는 거의 모든 산업에 영향을 미칠 것이다.

아직 확신이 생기지 않는가? 그렇다면 나와 함께 성장하는 서브스크립션 경제의 영향을 체감 중인 산업들을 간단히 살펴보자.

클라우드로의 기술 변화

서브스크립션이 어떤 방식으로 사업 모델을 변화시키고 파괴하는

29

지 보여주는 실례로써 소프트웨어 산업의 최근 역사를 살펴보자.

테크놀로지 산업에서는 소프트웨어가 서브스크립션으로의 변화를 주도했다. 서비스로서의 소프트웨어 Software as a Service, SaaS를 이용하면 패키지를 구매하거나 애플리케이션을 운용하거나 심지어 관리하고 업데이트할 목적으로 하드웨어를 소유할 필요가 없다.

세일즈포스닷컴Salesforce.com *1999년 창설된 회사로 업무와 관련된 애플리케이션을 웹으로 제공하며 S&P 500에 상장되어 있다―옮긴이은 비즈니스 중심의 SaaS 시장을 개척했다. 그 덕분에 세일즈포스의 고객사들은 규모를 불문하고, 이전에는 시행하기가 복잡하고 비용이 많이 들었던 고객 관계 관리Customer Relationship Management, CRM 솔루션을 사용할 수 있게 되었다. 현재 세일즈포스닷컴의 연간 수익은 60억 달러가 넘는다.

이 같은 서비스가 확산됨에 따라, 기업과 개인은 인터넷 상의 자원을 완전히 소유하기보다는 필요할 때마다 이용하기 위해 비용을 지불하게 될 것이다.

테크놀로지 산업은 매우 빠른 속도로 '클라우드화' 되었다. 분석 전문기관 가트너Gartner는 연례 보고서 〈하이프 사이클Hype Cycle〉을 통해 테크놀로지 트렌드를 관찰해 왔다. 〈하이프 사이클〉을 보면 거품이 많았던 초기의 기대감에서부터 실망스러운 기간을 거쳐, 마침내 주류에 채택되고 수용되기까지 일련의 과정을 추적할 수 있다.

2008년 이 보고서는 '부푼 기대 Inflated expectations'라는 제목의 글에서 클라우드 컴퓨팅은 실체가 아닌 소문에 가깝다고 표현했다. 2011년 무렵이 되자 클라우드 컴퓨팅을 별도의 〈하이프 사이클〉 보고서에서 다루었다. 불과 3년 만에 신흥 테크놀로지에서 독자적인 범주로 성장한 것이다. 그리고 이후에도 성장세는 속도를 늦추지 않았다.

클라우드 컴퓨팅은 과대광고에 그치지 않고 시장의 선두주자와 시장점유율을 변화시키며 소프트웨어 산업을 바꿔놓았다. 수많은 파괴적인 혁신 사례가 그랬듯, 기존 플레이어들은 완전히 사라지지는 않았어도 새롭게 진화하거나 클라우드 기반 진입주자들과 치열하게 경쟁해야 했다.

기존 업체들은 클라우드 기반 경쟁업체를 인수하여 관련 솔루션을 제시하거나, 패키지 소프트웨어를 서비스 기반 상품으로 바꾸고 있다. 마이크로소프트는 자사의 인기 상품인 오피스를 클라우드 서브스크립션오피스 365으로 공급하는 한편, 개발업체에 아주르 클라우드 컴퓨팅Azure Cloud Computing을 제공한다.

시장 조사 업체 IDC는 대부분의 소프트웨어 기업이 패키지 소프트웨어보다는 반복 서브스크립션 기반의 판매 분야에서 성장하고 있다고 밝혔다. IDC는 〈세계 소프트웨어 라이선스, 유지, 서브스크립션 예측, 2016~2020Worldwide Software License, Maintenance, and Subscription

Forecast, 2016-2020〉에서 2017년 서브스크립션 소프트웨어의 총수입이 1,500억 달러에 달할 것이라고 밝혔다.

적어도 소프트웨어 업체에게는 조짐이 좋지 않다. 총수입 성장을 원한다면 영구 라이선스가 있는 패키지 소프트웨어 같은 전통적인 '선형적' 판매 모델이 아니라 서브스크립션 기반 상품을 고려할 때다.

서브스크립션과 소매

서브스크립션과 소매 분야의 전문가 반master class에 등록하고 싶다면 아마존을 주시하라. 아마존이라고 하면 집 앞까지 배달되는 상자에 찍힌 로고를 떠올리는 사람이 많다. 우리가 아마존에 기대하는 것은 이 같은 물리적인 제품이다. 아마존은 기존 서비스에 서브스크립션 모델을 더하여 아마존 프라임Amazon Prime이라는 서비스를 제시했다. 이것은 결과적으로 아마존의 소매 매출 성장을 뒷받침했다.

아마존 프라임은 반복 구매자를 유치하기 위한 무료 배송 서브스크립션으로 출발했다. 현재 이 서비스의 구독비용은 연 99달러이다. 아마존은 대체 어떻게 고객이 무료 배송에 대한 대가로 99달러를 계속 토해내게 만드는가? 비결은 콘텐츠와 즉각적인 만족감, 그리고 편리함에 있다. 이를 통해 서브스크립션에 가치를 부가하는 것이다.

아마존 프라임의 구독자들은 다음과 같은 것들을 누린다.

- **가치 있는 콘텐츠** : 프라임 회원은 무료 스트리밍 동영상, 킨들북전자책, 오더블무료 스트리밍 오디오북과 채널들, 그리고 음악을 이용할 수 있다.

- **즉각적인 만족감** : 프라임 회원은 프라임의 특징인 익일 배송뿐만 아니라 필요한 경우 아마존 프라임 나우Amazon Prime Now를 이용해 2시간 이내 무료 배송을 받을 수 있다.

- **편리함** : 소파에서 일어나 컴퓨터로 가는 것이 너무 힘들다면 핸드폰으로 프라임 나우 앱을 이용하라. 아마존 레스토랑Amazon Restaurants을 이용하면 동네 레스토랑의 음식을 집으로 배달시킬 수 있다.

이 회사는 아마존 프라임을 제공하는 데 그치지 않고 정기적으로 구매하는 제품의 맞춤 서브스크립션을 직접 작성하길 권한다. 즉, '서브스크립션과 절약Subscribe and Save' 스토어를 통해 최대 15퍼센트까지 할인을 제공한다.

아마존은 언제나 고객의 욕구를 예측하고 충족시킬 방법을 모색하고 있다. 그 예로, 주문하기 전에 배송하는 예측 배송 관련 특허를 출원했다. 이 거대 소매업체의 동향에 주목하라.

서브스크립션 경제로의 이동이 시작되다

서브스크립션화 되어가는 서비스들

오늘날 정원 관리, 수영장 관리, 그리고 청소 같은 반복적인 서비스는 대개 서브스크립션 형태로 제공된다. 나는 집을 구입할 때 정기적으로 실시하는 진드기 검사 서비스를 구독했다.

전문 서비스의 경우 필요할 때 시간제나 1회 요금으로 대가를 지불한다. 이 같은 여러 공급업체가 온라인 서비스 서브스크립션을 제공함으로써 사업을 확장할 방법을 모색하고 있다. 잠깐만 인터넷 검색을 해보아도 다양한 관련 서비스를 찾을 수 있다. 이를테면 다음과 같은 것들이다.

- **넷메드나우**NetMedNow : 보안 계정을 만들고 가족 구성원들의 이름과 나이, 병력 등의 기본 정보를 입력하고 월 12.95달러의 스탠더드 플랜을 구독하면 언제든 의사의 상담을 받을 수 있다.
- **로켓 로이어**Rocket Lawyer : 월 39.99달러로 법률 상담 및 조언을 받거나 변호사를 이용할 수 있다.
- **토크스페이스**Talkspace : 2천 명 이상의 세러피스트들이 활동하는 온라인 세러피 업체로 주 49달러를 내면 원하는 때 즉시 세러피스트와 대화를 나눌 수 있다.
- **어센드HR**Ascend HR Corp. : 간호사, 의사 등 의료업계 채용을 전문으로 하는

서브스크립션 업체로, 연간 약정액은 25만~50만 달러이다.

- **런 베스트**LearnVest : 금융과 관련된 교육 및 재무 컨설팅 서브스크립션을 제공한다.

- **벤치**Bench : 1인 기업부터 중대형 규모의 기업까지, 다양한 금액으로 구독할 수 있는 회계 관련 소프트웨어를 제공한다.

서브스크립션 서비스로서의 산업 제품

B2B 시장의 기존 판매업체들이 매출 성장을 위해 발빠르게 변화하고 있다. 매니지드 서비스managed service *IT 자원이나 서비스 운영과 관리를 제3자에게 대행시키는 것―옮긴이 모델을 통해 가치를 부가하고 반복총수입의 흐름을 만들고 있는 것이다.

매니지드 서비스는 하드웨어와 서비스를 서브스크립션 형태로 결합한다. 서비스 공급업체는 모든 장비의 소유권을 보유하는 한편, 고객을 대신해 장비를 관리하고 보수한다. 예를 들어, 프린터 제조업체 제록스Xerox와 HP는 하드웨어에 다음과 같은 서비스를 결합함으로써 기업 고객에게 관리 인쇄 서비스를 제공하고 있다.

- 기업 고객과 협력해 인쇄 필수조건색상, 용량, 페이지 정리 등의 유효 범위를 정한다.

- 다양한 프린터의 적절한 설치 위치를 선택한다.

- 장비를 설치하고 구성한다.

- 종이와 토너 카트리지를 비축한다.

- 필요할 경우 프린터를 관리한다.

- 기업 환경이 변하면 장비를 회수해서 대체한다.

산업 화학물질의 경우는 어떨까? 기업은 화학물질을 실제로 소유해야 하는가, 아니면 그 화학물질이 제공하는 프로세스에 대한 대가를 지불해야 하는가? 화학물질 제조업체와 유통업체는 화학물질 임대혹은 화학물질 관리 서비스를 이용해 산업 고객과 협력하며 목표를 결정하고 당면 과제에 적절한 화학물질을 공급하고 관리한다.

이들 공급업체는 판매한 양이 아니라 제공한 화학물질의 효과를 기준으로 대가를 받는다. 환경 면에서 보면 화학물질을 적게 사용하는 중대한 프로세스를 진행함으로써 모든 사람이 혜택을 받을 수 있다. 서비스 공급업체는 화학물질을 책임지고 안전하게 관리하고 처리할 수 있는 지식을 보유하고 있다.

기계를 사지 않고 3D 프린팅을 시도하고 싶은가? 카본Carbon에서 고급 사양 프린터를 서브스크립션할 수 있다. 디바이스는 물론이고 자사 제품에 3D 프린팅을 도입할 경우, 그 가능성을 시험해보는 지원 서비스 또한 제공받을 수 있다.

서브스크립션 박스

많은 사람이 정기적으로 사용하는 제품이나 서비스는 서브스크립션 기반 스타트업을 위한 매력적인 후보들이다. 다양성과 참신함을 원한다면, 지금 한창 성장 중인 '서브스크립션 박스subscription box' 트렌드에 주목하라. 서브스크립션 박스 기업들은 고객이 마음에 들어하는 아이템의 후속 버전을 구입하기를 바라면서 관련 제품을 편집해서 발송한다.

수많은 스타트업이 온갖 종류의 제품과 관련된 서브스크립션 박스를 시험하고 있다.

서브스크립션 박스에 관심이 있다면 크레이트조이Cratejoy '뷰티, 패션, 책, 남성 관련, 여성 관련, 운동, 인테리어 등 다양한 카테고리의 서브스크립션 박스를 제공하는 플랫폼—옮긴이'를 서브스크립션 해서 새로운 박스를 개발하거나 직접 박스 기반 기업을 설립할 수도 있다.

실제 서비스되고 있는 서브스크립션 박스들

해독주스 플랜

식품, 식사 계획, 간편 준비 식사

달리기 용품

화장품과 기타 뷰티 용품 견본

게임 용품

장난감

군수품

애완동물 식품, 제품, 장난감

3D 프린팅 용품

공동생활 공간

동영상 강좌

핫소스

항공 여행

닭 묘하지만 닭을 공급하는 서브스크립션 서비스가 존재한다. 심지어 많다.

서브스크립션으로의 변화가 필연적인 이유

앞으로 서브스크립션이 성장할 수밖에 없다는 추가 증거가 필요하다면, 다른 주요 트렌드와 서브스크립션의 관련성을 생각해보라.

▶ 공유 경제

공유 경제 기업은 '사람들이 원하는 것은 제품이 아니라 제품 이용' 이라는 개념을 토대로 한다. 이 모델은 어쩌다 한 번씩 필요한 물건에 특히 효과적이다. 공유 경제 기업은 흔히 서브스크립션과 회원제를 이용한다. 전형적인 차량 공유 서비스를 생각해보라. 고객들은 서비스에 가입하거나 구독한다. 그런 다음 필요할 때 차량을 예약한다. 집카Zipcar, 우버Uber, 리프트Lyft 등의 서비스들은 자동차 소유의 효과적인 대안으로 빠르게 성장하고 있다. 이러한 기업들을 이용하는 첫 단계는 바로 구독하는 것이다.

▶ 모빌리티

이미 효과적인 컴퓨팅 디바이스로 자리 잡은 모바일 폰은 지속적인 연결성과 즉각적인 만족감에 대한 우리의 욕구를 충족시킨다. 전문가들에 따르면 우리는 지금 온디맨드모바일을 포함한 정보통신기술 인프라스트럭처를 통해 소비자의 수요에 맞춰 즉각적으로 맞춤형 상품을 제공하는 경제 활동-옮긴이 경제 속에서 살고 있다. 오늘날 많은 스타트업의 핵심은 모바일 앱이며 이 중에는 유료 서브스크립션 요소가 포함된 것이 많다.

서브스크립션 경제로의 이동이 시작되다

▶ 사물인터넷

사물인터넷Internet of Things, IoT란 인터넷 연결성이 내장된 디바이스를 뜻한다. 자리에서 일어날 시간임을 알려주는 시계나 사람의 존재를 추적하는 온도 조절 장치 혹은 이례적인 수치를 스스로 보고하는 원격 산업 부지 등 IoT는 날마다 확대되고 있다.

네트워크로 연결된 애플리케이션의 세계에서 소비자는 모바일이나 웹 기반 애플리케이션을 통해 판매업체와 지속적인 관계를 유지한다. IoT를 통해 디바이스 판매업체들은 장치는 물론이고 서브스크립션 기반 서비스를 제공할 수 있게 되었다.

예를 들어 스마트 온도 조절 장치 네스트Nest, 웨어러블 건강 관리 테크놀로지 핏빗Fitbit, 태양 전지판과 같은 디바이스는 저마다 앱을 제공한다. 오늘날 IoT 관련 업체들은 부수적인 앱보다 디바이스 자체의 매출에서 총수입의 대부분이나 전부를 거두고 있다. 하지만 수집된 데이터가 존재하므로, 이 데이터를 이용해 서브스크립션을 제공할 수 있는 것이다.

이를테면 핏빗은 디바이스를 구매할 때 애플리케이션과 소프트웨어를 무료로 제공하나, 추가 보고와 분석은 프리미엄premium 서브스크립션 상품으로 판매한다. 이것이 바로 프리미엄freemium *기본적인 기능은 무료로 제공하고 고급 기능은 돈을 받고 판매하는 가격 전략—옮긴이 모델의 일례이다. 이 모델에서는 프리미엄 성능에 대가를 지불하는 소수의 고객이 무료 서비스를 지원하고 다른 고객들이 이 서비스를 사용한다.

▶ 디지털화

소비재는 그 자체로도 서브스크립션이 가능하나, 디지털화하면 더욱 쉽게 서브스크립션 서비스를 구축할 수 있다. 예를 들어, 음악 산업은 물리적인 매체CD에서 디지털 매체아이튠즈와 MP3와 음악을 전혀 소유하지 않는 스트리밍 매체 서비스로 변화했다. 이처럼 음악이 온라인 상품화됨에 따라 소비자들은 구매한 CD의 부록으로 서브스크립션을 제공받거나, 혹은 음악을 소유하는 대신 구독할 수 있게 되었다.

▶ 자원 부족

전 세계 인구가 70억을 넘어섰다. 바야흐로 부족이 심화되는 시대임을 부정할 수 없다. 이처럼 자원이 줄어드는 세계에서, 기업들은 쓰레기를 줄이고 물질을 재생하기 위해 고객과 협력할 것이다.
순환 경제circular economy란 자원을 채굴해 매립지에 던져버리는 대신 재사용하고 쇄신하는 모델을 일컫는다. 카펫 및 타일 제조업체 인터페이스Interface는 고객에게 건물의 카펫을 임대할 수 있는 선택권을 제공하고 더 이상 필요하지 않을 경우 카펫을 재생하고 재활용한다. 이 사업 모델은 카펫의 환경 발자국을 크게 줄인다.

순환 경제는 제품을 제공하는 회사가 고객과 지속적인 관계를 유지하는 상황에서 소유권을 보유하는 경우에만 가능하다. 대개 이 지속적인 관계가 서브스크립션이다.

우리는 모두 서브스크립션 경제의 참여자이다

당신이 몸 담은 산업은 서브스크립션에 의해 파괴될 수 없다고 생각하는가? 그렇다면 더 깊이 생각하라. 주오라의 CEO이자 서브스크립션 경제의 열렬한 옹호자인 티엔 추오Tien Tzuo는 다음과 같이 대담하게 주장한다.

"5년 후면 아무것도 사지 않고 모든 것을 구독할 것이다."

이 말이 사실일 수도 있고 아닐 수도 있지만 내 의견은 이렇다. 5년 후면 사람들은 모든 것에 있어 구매냐 구독이냐를 선택할 수 있게 될 것이며, 모든 기업은 이 사실에 대처해야 할 것이다.

이제 모든 것을 구독한다

서브스크립션이 여타 사업 모델을 대체하지는 못하며 서브스크립션 트렌드가 모든 산업 분야와 부분에서 고르게 등장하는 것도 아니다. 하지만 자세히 살펴보면 거의 모든 분야에서 서브스크립션으로의 이동이 일어나고 있음을 발견할 수 있다.

많은 기존 기업이 서브스크립션을 자사 상품에 추가하는 중인 한편, 이미 이 모델로 완벽하게 변화해 1회성 판매를 완전히 포기한 기업노 있다.

이번 챕터에서는 기업이 서브스크립션으로 변화하는 다양한 방식을 살펴볼 것이다. 한 가지 방식이 모든 기업에 적합한 것은 아니다. 다양한 선택지를 고려해보면 자사의 목적에 가장 부합하는 방법을 찾을 수 있을 것이다. 이미 서브스크립션 기반으로 변화한 회사라면 상품을 확장할 영감을 얻을 수도 있다.

이번 챕터는 사업 모델을 변화시키기 위한 가이드가 아니다. 서브스크립션으로의 변화를 심층적으로 살펴보려면 로비 켈먼 백스터 Robbie Kellman Baxter의 책 《멤버십 이코노미》와 존 워릴로 John Warrillow의 《자동 고객Automatic Customer》을 참고하라.

서브스크립션을 채택하는 다양한 방식

기존 기업은 여러 가지 방법으로 서브스크립션 경제에 참여할 수 있다. 일부 기업은 정면으로 뛰어들어 서브스크립션 판매로 전면적인 변화를 감행한다. 그런가 하면 시험 상품이나 일부 고객 기반을 통해 발만 살짝 담가보는 기업들도 있다.

일반적으로 채택하는 모델은 다음과 같다.

- 서브스크립션 시험
- 세분화한 접근
- '올인' 피봇
- 마케팅 전략으로서의 서브스크립션

이제 각 접근 방식의 장점과 도전을 간단히 살펴보자.

서브스크립션 시험 : 점진적 전환을 위한 방법

신중한 기업이라면 기존 제품과 솔루션의 판매 방식을 실질적으로 바꾸지 않고 서브스크립션 모델을 시험적으로 운용할 수 있다. 기본적으로 이들 기업은 다음과 같이 말한다.

"전통적인 솔루션의 서브스크립션 기반 버전을 출시한 다음에 과연 사람들이 구입하는지 지켜보자."

이런 접근 방식은 비교적 위험이 적어 보인다. 그러나 실제는 전적으로 헌신하지 않다 보니 실패로 끝나기 쉽다. 판매 사원은 현재의 총수입이 크게 줄어들까 봐 염려스러운 나머지 서브스크립션을 확대하지 않을 가능성이 있다. 마케팅 부서에서는 이 특별한 상품에 맞는 이상적인 고객을 충분히 연구하지 않을지도 모른다. 빠른 시간 내에 성공할 수 있게끔 구독자를 인도하는 온보딩 과정^{조직이나 체계에 새로 합류한 사람이 빠르게 문화를 익히고 적응하게끔 돕는 과정—옮긴이}에 투자하지 않으니, 고객이 갱신하지 않는 바람에 높은 이탈률을 보일 수도 있다.

짧은 시험의 재정적인 성과 또한 그리 인상적이지 않을 것이다. 서브스크립션의 총수입이 축적되려면 시간이 걸린다. 서브스크립션 제품에서 얻는 총수입이 실망스러운 수준에 그치면, 서브스크립션 모델은 시장에 어울리지 않는다는 회의주의자의 가설이 진실처럼 보이게 된다. 실패는 자기실현적인 예언이 된다. "우리 구매자들은 서브스크립션에 관심이 없다"나 "그건 우리가 하는 일에 효과적이지 않다"는 변명성 발언들이 들릴 것이다.

경쟁적인 시장에서 자기만족은 위험할 수 있다. 서브스크립션 모델을 적절히 시험하기 위해서는 다음의 조건이 전제되어야 한다.

▶ 충분한 시간을 허용하라

패키지 제품이나 1회성 서비스를 판매할 때 모든 총수입은 판매 시점에 선불로 발생한다. 서브스크립션 총수입은 반복적으로 발생하는 것이다. 시험 기간 동안 얻는 총수입은 초기에는 보잘것없어 보일 수 있다.

▶ 자원을 투자하라

첫 가입과 서브스크립션의 지속적인 가치를 알리고자 노력하라. 판매가 끝난 다음 추가 조치를 취해 고객이 인식하는 가치를 높이지 않는다면 성공을 거둘 수 없을 것이다.

▶ 여러 형태의 서브스크립션 제안을 실험하라
자사의 모든 상품을 서브스크립션 형태로 결합할 것인가? 일부 상품을 패키지로 만들거나 서브스크립션 형태로 제공함으로써 효과적인 완전히 새로운 조합을 만들 수 있지 않을까? 자사의 핵심 가치와 시장 니즈에 부합하는 솔루션을 개발하라.

이상의 단계를 통해 서브스크립션 시험이 솔루션 제품에 항상 포함되는 한 요소로 자리를 잡을 수 있다.

세분화한 접근 : 정확한 타깃을 선정하여 성공률 높이기

판매 부서에 있어서 다른 가격과 배송 모델로 동일한 제품을 판매하는 일은 일종의 도전이다. 이 경우 서브스크립션 모델로 표적 시장을 세분화해서 한 집단에 마케팅과 고객 성공 활동을 집중하는 것이 방법이 될 수 있다. 개별 시장을 겨냥하여 서브스크립션으로 제안할 만한 가치를 개발하는 것이다.

몇 년 전 나는 대규모 기관 고객에 신원 확인 및 접근 관리 소프트웨어를 판매하는 회사와 협력하였다. 이 회사의 기존 사업 모델은 소프트웨어를 판매하고 이를 고객사에 설치하여 운용하게끔 하는 것이었다. 그들은 중소기업 시장을 대상으로 하여 기존의 소프트웨어를 클라우드 상품으로 재개발하였고, 이를 서브스크립션으로 제공함으로써 SaaS 서비스로서의 소프트웨어와 관련된 새로운 시장에 진출할 수 있었다.

이를 통해 클라우드에서 장기적인 사업 기회를 본 회사는 자사 소프트웨어 클라우드 기반 버전을 위한 제품 라인과 브랜딩, 웹사이트를 별도로 수립했다. 패키지 소프트웨어를 2차 상품으로 출시해 서브스크립션 사업 출범 과정을 뒷받침했다. 이 회사의 서브스크립션 변화의 핵심은 고객 기반을 세분화하는 것이었다.

새로운 시장 집단의 요구를 이해하기 위해 연구를 실시하고 서브스크립션 모델을 이용하면 그에 유용한 시험 사례를 얻을 수 있다.

올인 피봇 : 서브스크립션 기업으로의 성공적인 전환

소프트웨어 세계에서 어도비 시스템스 Adobe® Systems는 전통 모델에서 서브스크립션 모델로 선회한 기업의 가장 대표적인 사례이다. 어도비는 먼저 어도비 포토샵 Adobe Photoshop과 어도비 일러스트레이터

Adobe Illustrator를 포함해 자사의 유명한 디자인 소프트웨어 포트폴리오의 판매 모델부터 바꾸었다.

2011년 10월 어도비는 패키지 소프트웨어의 클라우드 버전인 크리에이티브 클라우드Creative Cloud®를 서브스크립션 형태로 출시했다. 그리고 소프트웨어의 패키지 버전과 서브스크립션을 모두 1년 넘게 유지했다.

2013년 5월 어도비는 패키지 소프트웨어를 더 이상 업데이트하지 않고 클라우드 기반 버전 개발에 전적으로 초점을 맞출 것이라고 발표했다. 어도비의 2013년 5월 6일 자 언론 보도 자료에 따르면 이는 혁신을 가속화하기 위한 결정이었다. 어도비는 크리에이티브 클라우드 개발에 초점을 맞추면 혁신이 가속화되는 것은 물론이고 다양한 유형의 혁신을 창의적인 커뮤니티에 제공할 수 있으리라 전망했다.

그러나 어도비는 언론과 투자가들로부터 동시에 질책을 받았다. 반복총수입 모델로 변화하면, 장기적인 성장에 앞서 단기적으로 총수입이 감소한다. 하지만 이 회사는 방침을 고수하며 어도비 마케팅 클라우드Adobe Marketing Cloud와 다큐멘트 클라우드Document Cloud까지 SaaS 사업을 확장했다.

2016년 후반 어도비는 58억 5,000만 달러라는 기록적인 총수입을 거두었으며 이 가운데 서브스크립션에서 발생한 총수입이 78퍼센트

서브스크립션 경제로의 이동이 시작되다

를 차지한다고 발표했다. 끈기와 흔들리지 않는 결단이 보상을 거둔 것이다.

마케팅 전략으로서의 서브스크립션

어떤 상황에서는 서브스크립션 모델이 기존 사업 모델을 위협하지 않는다. 기업에서 기존의 1회성 상품의 총수입을 높이거나 고객과의 관계와 충성을 강화하려는 목적으로 서브스크립션을 추가하는 경우가 그렇다.

온라인 소매업체들을 이용하다 보면, 십중팔구 구매하는 상품을 구독하지 않겠느냐는 제안을 받게 된다. 필자의 경우, 단골로 이용하는 차 공급업체 아다지오 티Adagio Teas로부터 내가 자주 구매하는 특정한 종류의 차를 구독하라는 제안을 받았다.

여기에는 이유가 있다. 온라인 소매업체들은 서브스크립션을 추가하면 서브스크립션에 포함되지 않은 제품의 매출이 증가할 수 있다는 사실을 발견했다. 여러 번의 구매 결정을 한 번의 구독 결정으로 통합함으로써 '지불의 고통'이 줄어든 덕분이다.

또한 기존 고객들에게 서브스크립션은 일종의 교차 판매 제안과 비슷하다. 전통적인 소매업체들은 월간으로 제공하는 '박스' 서브스크립션을 통해 고객과의 관계를 강화하는 한편, 고객에게 신제품을 제시할 수 있다. 실제로 화장품과 뷰티용품 샘플을 큐레이션하여 이를 서브스크립션 박스로 제시하는 기업이 점점 증가하고 있다. 이들 기업은 서브스크립션 자체는 물론이고 박스에 담긴 제품의 추가 판매를 통해 총수입을 창출한다.

이와 관련하여, 앞서 살펴본 아마존 프라임을 살펴보자. 아마존 프라임은 이 대규모 소매업체의 서브스크립션 상품들 중 한 가지에 지나지 않는다. 1년에 99달러를 지불하는 아마존 프라임 회원이 되면 일부 제품의 익일 배송, 프라임 인스턴트 비디오Prime Instant Video 텔레비전과 영화 목록, 킨들Kindle 도서 대역 특권, 사진 저장 등의 혜택을 받을 수 있다.

아마존 프라임이 가입비를 받긴 해도 익일 배송에는 실제로 비용이 많이 든다. 그럼에도 불구하고 아마존이 프라임 서비스를 운영하는 데는 이유가 있다. 프라임 회원들은 아마존에서 구매하는 경향이 강하기 때문이다. 소비자정보 연구 파트너스Consumer Intelligence Research Partners의 발표에 따르면 미국 아마존 프라임의 회원은 매년 1,200달러를 아마존에서 소비하는데 이는 아마존의 비회원 고객이 소비하는 액수의 약 두 배에 해당한다. 이 연례 보고서에서 아마존은 아마존 프라임을 효과가 뛰어난 전 세계적 마케팅 도구라고 표현했다.

스타트업 전략으로서의 서브스크립션

창업 단계에서부터 이미 탄탄한 고객 기반을 확보한 상태로 출범할 수 있다면 어떨까? 서브스크립션 콘텐츠를 이용해 초기 고객 기반을 발견하고, 첫 제품을 기획하는 스타트업이 점점 증가하고 있다.

조 풀리치는 저서 《콘텐츠 주식회사》에서 서브스크립션 콘텐츠로 시작해 청중과 관계를 맺고 그들에게 귀를 기울이며 마침내 시장 니즈를 파악한 수많은 기업을 언급한다.

이 책에서 언급한 여러 기업뿐만 아니라 풀리치가 직접 설립한 스타트업인 콘텐츠 마케팅 인스티튜트Content Marketing Institute의 서브스크립션 모델 또한 매우 효과적이었다. 이는 여러 달 동안 '비밀 모드'로 운용하다가 시장에 갑자기 발표해서 내심 바라던 주목을 받는 것과는 확연히 다르다. 콘텐츠 주식회사 모델을 이용해 의미 있는 방식으로 잠재 고객과 상호작용하며 그들로부터 배우는 한편 콘텐츠를 통해 가치를 전달할 수 있다.

사업을 시작한 지 얼마 되지 않았다면 우선 서브스크립션 관계를 형성한 다음 그런 관계에 가장 효과적인 제품이 무엇인지 파악하라. 긍정적이고 유력한 청중은 당신의 스타트업에 중대한 경쟁력이 될 수 있다. 다른 기업이 당신의 솔루션을 모방할 수 있을지는 모르나, 고객 관계까지 모방할 수는 없기 때문이다.

막후에서 일어나는 일

서브스크립션 모델은 판매, 재정, 연구 개발, 고객 성공 등 기업의 다양한 부분에 영향을 미친다. 기업 모델을 바꾸든지 자사의 상품 목록에 서브스크립션을 추가하든지 상관없이 당신은 다음과 같은 어려운 질문에 대한 해답을 찾아야 한다.

- 어떤 방법으로 다른 모델과 서브스크립션을 함께 판매할 것인가?
- 영업사원에게 어떻게 보상하는가?
- 누가 리뉴얼을 지휘하는가?
- 고객이 결정을 내리거나 서브스크립션 기간이 종료될 때 총수입을 인식하는가?
- 솔루션이 모든 사업 모델에 동일한 메시지를 전달하는가?
- 서브스크립션 모델로 시장의 다른 집단에 진출하고 있는가? 고객 페르소나 ^{이상적인 고객을 가상으로 일반화해서 표현한 것 — 옮긴이}가 동일한가?
- 사업이 장기적으로 성장하게끔 지원하는 서브스크립션의 가격을 어떤 식으로 책정하는가?

상품이나 서비스를 서브스크립션으로 진환하기가 녹록하지 않을 수 있다. 구태의연한 방식은 효과적이지 않다. 이런 변화에 적응하지

서브스크립션 경제로의 이동이 시작되다

못하면 총수입이 기대만큼 증가하지 않을 것이다.

　서브스크립션 모델은 예측할 수 있는 총수입 흐름과 장기적인 고객 관계 같은 확실한 혜택 이외에도 예상치 못한 혜택을 가져다준다. 이를테면 다음과 같은 것들이다.

▶ 경쟁력 높은 차별화

당신이 몸 담은 시장에서 가장 먼저 서브스크립션을 제공했다면 서브스크립션 모델이 중대한 장점이 될 수 있다. 구독자의 사용과 이탈에 지속적으로 주목하면 한 번 판매하고 사라지는 경쟁업체보다 시장의 변화에 더욱 적절히 적응하고 대응할 수 있다.

▶ 시장 확장

서브스크립션은 당신의 솔루션을 이용하게 만들고, 진입 기준 소매가격을 낮춤으로써 새로운 시장 기회를 열어준다.

▶ 기타 혜택

어도비는 자사 소프트웨어의 불법 복제판을 이용하는 사람들 때문에 수년 동안 고심했다. 서브스크립션 모델을 이용하면 복제할 수 있는 패키지 소프트웨어를 배송하지 않으니 자동적으로 불법 복제가 줄어든다. 반대로 고객 입장에서는 한 가지 프로젝트를 넉넉지 않은 예산으로 실행해야 할 때 대가를 지불하고 한두 달 동안 서브스크립션 서비스를 이용함으로써 효율을 추구할 수 있다.

어느 서비스 기업이 사업 모델을 바꾼 과정을 통해 도전과 혜택에 관해 더 자세히 알아보자.

어센드HR의 사례

서브스크립션 모델로 변화하면 업무 처리 방식과 관련된 기본적인 질문에 대한 해답을 찾을 수 있다. 휴스턴에 본사를 둔 어센드 HR^Ascend HR Corporation^은 채용 서비스를 서브스크립션으로 제공해 채용 기관과 고객사 간 관계의 본질을 더욱 바람직한 방향으로 재정의했다.

일반적으로 채용 협력업체는 '채용 알선'을 기준으로 고객에게 요금을 부가한다. 기업에서는 채용하기 어려운 중역이나 전문적인 직책을 위한 사람들을 찾을 목적으로 채용업체를 사용한다. 어센드HR은 월간이나 연간 서브스크립션으로 서비스를 제공하기로 결정했다. 돌이켜 판단해보면 이는 기발한 아이디어였던 것으로 보인다. 하지만 이 모델로 전환하고 나서 약 18개월 동안 이 회사는 여러 가지 문제를 해결해야 했다.

어센드HR의 사장 겸 사업 개발 국장인 롤리스 폰테노 3세^{Rollis Fontenot III}에 따르면 서브스크립션 모델에 올바른 가격을 책정하는 것부터가 난제였다.

"우리에게는 템플릿이나 출발점이 없었습니다. 시행착오를 거쳐 가격 수준에 상응하는 서비스를 결정해야 했죠. 마침내 우리 회사 상품을 최대한 단순화하여 명확하게 전달해야 할 필요성을 깨달았습니다."

판매 주기도 더 길어졌다. 전통적인 성공 사례금 모델에서 고객은 누군가를 고용할 때까지 돈을 지불하지 않는데 고용 과정이 몇 달씩 걸릴 수 있었다. 서브스크립션 모델에서는 고객이 매달 초에 비교적 적은 월간 수수료를 지불한다. 따라서 어센드HR은 처음부터 관계에 대한 고객의 신뢰를 얻어야 했다.

약 1년 반이 지난 지금 이 회사는 거의 전적으로 서브스크립션 모델을 기반으로 운영한다. 이렇게 변화하기까지 우여곡절이 있었으나 현재는 안정적으로 연간 총수입이 증가하고 있다. 폰테네는 다음과 같이 말했다.

"사업 모델을 변화하고 2년 동안 총수입이 65퍼센트 증가했습니다.

클라우드 기반 기술은 비용 효율성을 유지하는 한편 고객에게 혁신적인 솔루션을 제공하는 데 효과적입니다."

서브스크립션 모델로 변화한 이후, 어센드HR의 고객들은 지출금액을 예측할 수 있게 되었다. 과거 모델에서 인사관리자는 수수료가 거액일 경우 새로운 직원과의 고용 계약을 연기하여 후반 회계 사분기의 지출을 유예시키곤 했다. 서브스크립션 모델에서는 얼마나 많은 사람을 채용하는지는 중요하지 않다. 수수료는 동일하다. 고객은 채용 비용의 예산을 정확하게 편성할 수 있다.

어센드HR은 한 주요 고객에게 3개월 동안 서른세 명을 소개했다. 전통적인 가격 책정 모델이었다면 고객은 성공 사례금으로 여러 차례 월 수수료를 지불해야 했을 것이다.

가장 중요한 혜택은 이 같은 변화로 인해 어센드HR과 고객사 간 관계의 본질이 바뀌었고, 그 덕분에 성공 사례금과 관련된 갈등을 피할 수 있었다는 점이다. 전통적인 고용 수수료는 흔히 고용하는 회사와 채용 기관 사이에 갈등을 일으킨다. 고용하는 회사가 직접 적임자를 찾는 경우라면 채용 수수료를 지불하지 않을 것이다. 어떤 의미에서 보면 채용 기관과 고객은 고용자를 놓고 서로 경쟁하는 사이이며 그렇기 때문에 정보를 공유하지 않는다. 채용 기관과 고객 모두 자신의 후보자를 보호할 동기가 있으니 채용 기관이 적임자를 찾기 위한 자사의 활동을 밝힐 필요가 없다.

　서브스크립션 모델에서 채용 기관과 채용 관리자는 빈자리를 채운다는 동일한 목표를 위해 노력하며 따라서 허심탄회하게 정보를 공유한다.

　물론 녹록지 않았지만 이 같은 사업 모델의 변화는 어센드HR에 효과적이었다. 반복총수입이 형성되면 스트레스가 줄어들고 보람이 더 큰 기업 환경이 조성되며, 채용 기관은 고객의 성장을 도움으로써 자사의 성공에 박차를 가한다.

마케팅에 닥쳐오는 변화

지금쯤이면 서브스크립션 경제의 범위와 폭, 그리고 기업이 서브스크립션을 이용할 수 있는 여러 가지 방법을 확실히 파악했을 것이다.

이번 챕터에서는 마케팅 조직에 다음과 같은 교훈을 제공한다. 이를테면 회사의 총수입 모델을 바꾼다는 것은 어떤 의미인가? 성공적인 서브스크립션 기업에서 마케팅의 역할은 어떻게 변화하고 발전하고 있는가? 서브스크립션을 통해 마케팅의 효과가 감소하거나 증가하는가? 하나하나 천천히 살펴보자.

총수입 인식에 대한 개념이 바뀐다

마케팅이 자사에 얼마나 효과적인가? 이는 민감한 질문이다. 가장 헌신적인 마케터는 자신의 작업이 중요하다고 생각한다. 하지만 이 일이 전반적인 기업 성과와 총수입에 미치는 역할을 파악하는 마케팅 조직은 놀랄 만큼 드물다.

마케팅 효과는 마케팅이 지속적인 총수입에 얼마나 영향을 미칠 수 있는지에 좌우된다. 지금껏 마케팅의 역할은 고객을 유치하는 한편, 총수입으로 이어지리란 희망을 품고 판매 부서에 가망고객을 전달하는 것이었다. 특히 기업 대 기업, 즉 B2B 기업의 마케터는 리드

lead *기업에서 판매하는 상품에 관심이 있는 개인이나 조직, 혹은 이에 대한 데이터를 일컫는 마케팅 용어—옮긴이

창출과 가망고객을 육성하는 일에 거의 전적으로 초점을 맞추었다. 실제로 이런 방식은 수년 동안 기업에 효과적이었다. 그런데 문제는, 서브스크립션 기업에서는 판매 시점에 총수입이 발생하지 않는다는 데 있다.

서브스크립션 상품은 고객이 선불로 지불하기 때문에 패키지나 1회성 판매보다 가격이 낮다. 시간이 지나 구독자가 계속 고객으로 남으면 교차 판매나 상향 판매를 하지 않아도 그 관계의 평생 가치가 커진다.

고객이 계속 남는다면 서브스크립션 모델로 사업을 오래 진행할수록 반복적

인 모델을 통해 변화하는 총수입이 증가한다. 갱신하는 고객의 수가 성공을 좌우한다. 판매하는 순간에만 초점을 맞춘다면 큰 그림을 놓칠 것이다.

서브스크립션 마케터로서 지속적으로 효과를 거두고 싶다면 총수입을 추적하면서 전환 이후에 일어나는 일에 초점을 맞추어야 한다.

리드 창출에만 초점을 맞추는 마케팅 조직은 기업 전반에 미치는 영향력을 점점 잃을 수 있다. 그렇다고 서브스크립션 기업에서 마케팅의 역할이 덜 중요하다는 의미는 아니다. 오히려 서브스크립션의 현실에 가까워질수록 마케팅의 역할은 더욱 중요해질 것이다.

적절한 조치를 취하지 않는 마케터는 마케팅-총수입 격차에 빠질 위험이 있다. 이들은 총수입 흐름 가운데 한 부분^{신규 순총수입}에 시간과 자원을 투자하지만, 반면 기업의 성공은 기존 고객 기반^{반복총수입}에 달려 있기 때문이다.

이 격차를 피하려면 전통적인 리드 창출과 리드 키우기 활동은 물론이고, 심지어는 전통적인 마케팅 영역의 바깥 부분까지 살펴야 한다.

서브스크립션 마케터를 위한 수학

총수입을 인식하는 똑똑한 마케터라면 마케팅 투자의 재정적인 성과를 이해해야 한다. 서브스크립션 기업을 위해 어디에 노력과 자원을 투자해야 할지 결정하려면 다음 질문에 해답을 구하라.

- 고객 한 명을 확보하기 위해 필요한 평균 비용은 얼마인가? 한 명의 고객에게 판매를 진행할 때 얼마의 비용이 필요하며 이 비용은 마케팅과 판매 활동에서 어느 정도를 차지하는가?
- 고객에게 서비스를 제공하는 비용은 얼마인가?
- 고객에게 서비스를 제공하는 비용을 감안해서 서브스크립션 고객에게서 고객 획득비용을 회수하고 수익을 거두기까지 시간이 얼마나 걸리는가? 갱신 주기를 얼마나 많이 거쳐야 하는가?
- 일반적으로 고객이 얼마나 오랫동안 남아 갱신하는가? 현재 이탈률은 어느 정도인가?

취득과 운영을 위한 비용을 고려하면, 구독자가 처음 가입할 때 1년 수수료를 선불로 지불한다 해도 수익은 거의 거두지 못한다. 고객 한 명을 확보하기 위해 100달러를 사용하고, 서브스크립션 수수료가 월 5달러라면, 유료 고객이 20개월 동안 남아 있어야만 고객 획득비용을 회수할 수 있다. 이 계산에는 고객에게 서비스를 제공하는 운영비용은 포함되지 않는다.

스카우트 애널리스틱스^{Scout Analytics *현재는 서비스소스(ServiceSource)의 소유}는 다양한 원천에서 얻은 취득 및 운영 비용에 관한 데이터를 검토한 후 서브스크립션 소프트웨어의 평균 손익분기점이 3.1년이라고 판단했다. 물론 여러분 회사의 손익분기점은 이와 다를 수 있다.

처음으로 서브스크립션 모델을 선택할 때 오로지 단기간에 고객의 수를 늘리는 데만 초점을 맞추는 기업이 많다. 하지만 고객과 지속적인 관계를 맺기에 가장 좋은 때는 서브스크립션 시행 초기이다.

기존 고객이 현재 창출하는 총수입은 물론이고, 이 총수입을 얻을 수 있는 기회에 부합하는 마케팅 지출과 활동까지 고려하라. 구독자들이 얼마나 오랫동안 남으며 앞으로 어느 정도 구매할지를 토대로 총수입 잠재력을 계산하라. 이 주제는 챕터 21 '본격적인 변화를 위한 준비'에서 더 자세히 살펴볼 것이다

이탈은 반드시 이해해야 할 수치이다. 고객이 얼마나 오랜 기간 갱신을 계속하는가? 매달 혹은 매년 얼마나 많은 고객이 떠나는가? 이탈률이 높다는 것은 디자인이나 배송 문제, 혹은 품질과 유용성의 결함 등 온갖 문제가 존재한다는 의미일 수 있다. 마케팅으로 대처할 수 있는 문제로 말미암아 이탈률이 높아질 수도 있다. 다시 말해 엉

뚱한 유형의 고객을 유치하거나 가입자를 충분히 확보하지 못하는 등의 문제가 존재한다.

유능한 서브스크립션 마케터는 고객의 이탈에 끊임없이 초점을 맞춘다.

마케팅의 새로운 규칙 : 신뢰와 가치

1회성 판매에서 서브스크립션으로 변화하면, 고객 관계의 본질이 변화한다.

서브스크립션은 1회성 거래가 아니라 지속적인 관계 맺음이다. 이 변화가 초기에 고객을 확보하는 방법과 이후 그들을 계속 만족시키는 방법에 영향을 미친다.

전통적인 1회성 판매 모델에서 마케팅은 구매 결정에 영향을 미치는 일이라면 무엇이든 마다하지 않는다. 마케팅 관행은 경쟁적인 차별화에 초점을 맞추고 솔루션의 특징과 가치를 홍보하며 판매를 촉진시키기 위해 감정적인 관계를 맺는다.

하지만 고객이 장기적인 관계를 맺기로 동의하려면 다른 종류의 확신이 필요하다. 단순히 솔루션만이 아니라 그 기업 자체를 신뢰하고 그래서 기업이 고객 곁에 머물 것이라고 믿어야 한다. 기업이 바가지를 씌우려 하거나 빠져나올 수 없는 관계에 가두지 않을 것이라고 느껴야 한다. 아울러 구독이 올바른 결정이라고 계속해서 믿어야 한다.

이를 위해서는 마케팅의 역할에 관한 인식 변화가 필요하다.

일단 서브스크립션에서 마케팅은 판매^{구독이나 전환}에 앞서 가치를 입증하고 신뢰를 얻는 데 목적이 있음을 이해해야 한다. 또한 기존 구독자들을 위해 가치를 키우고 신뢰를 유지하는 것이 곧 마케팅이 된다.

여기에 참여하는 부서는 비단 마케팅팀만이 아니다. 서브스크립션에서 고객 관계는 고객과 기업 전체 사이에 존재하는 것이다. 자사의 가치를 입증하고 신뢰를 유지하려면 마케팅과 고객 성공, 고객 지원, 판매, 서비스, 그 밖의 부서가 협력해야 한다. 이는 한 마디로 다음과 같이 표현할 수 있다.

마케팅이 약속하고, 기업 전체가 그 약속을 이행한다.

판매에 이르기까지의 마케팅에 관해서는 훌륭한 책이 무수히 많다. 이 책에서는 판매나 첫 구독 결정 이후에 일어나는 일들을 살펴볼 것이다.

전환에만 초점을 맞추지 마라

사회생활을 시작하고 얼마 되지 않아서 내가 근무했던 한 스타트업에서는 리드 창출에 집착했다. 절망스러운 시기에는 잡지와 다른 원천굶주린 판매팀에게 리드를 계속 제공할 수 있는 모든 원천으로부터 리드 목록을 매입하는 방법에 의존하곤 했다.

마케팅 담당 부사장은 판매팀과의 관계를 다음과 같이 규정했다.

"우리가 그들을 잡을 테니 당신들이 그들의 껍데기를 벗겨라."

나는 이 비유가 마음에 들지 않았지만 그것은 당시 판도를 매우 정확하게 표현하는 말이었다.

오늘날 우리는 좀 더 지혜로운 마케팅 시대에 살고 있다. 마케팅 실무자들은 구매자 페르소나를 바탕으로 유용한 콘텐츠를 창조한다. 우리는 온라인으로 조사하는 고객이 볼 수 있게끔 핵심어를 콘텐츠에 덧붙인다. 마케팅 자동화 솔루션의 도움을 받아 판매 주기 동안 리드를 관리한다.

하지만 판매 과정을 진행할 만큼 가치가 있는 리드를 창출해야 한다는 근본적인 문제가 여전히 남아 있다. 대부분의 경우 마케팅 투자는 고객을 확보하는 순간 중단된다. 일부 마케팅 조직은 순전히 리드 창출이나 신규 고객 확보를 토대로 평가하고 인센티브를 제공한다.

반복총수입에 의존하는 기업에게 이런 분석은 근시안적인 것이다.

서브스크립션 경제의 출발점은 누군가 고객이 되는 순간이다.

서브스크립션 모델에서 고객의 장기적인 총수입 잠재력을 감안한 다면, 마케팅은 과거의 판매 시점에서 지속적인 고객 관계로 초점을 바꾸어야 한다. 데이비드 머맨 스콧이 《판매와 서비스의 새로운 규칙 The New Rules of Sales and Service》이라는 훌륭한 저서에서 썼듯, 당신은 애초에 고객의 마음을 사로잡았던 것과 똑같은 일을 실행함으로써 고객을 만족시킬 수 있다. 고객의 니즈에 초점을 맞추어 고객의 마음을 사로잡아라. 그리고 이와 똑같은 방식으로 고객을 계속 보유하라.

마케팅 깔때기에서 고객 여정으로

구글의 디지털 마케팅 전도사인 아비나시 카우식Avinash Kaushik은 2015년 10월 '마케팅프로 B2B 포럼MarketingProfs B2B Forum은 이제 죽었다고 발표하면서 그 자신의 마케팅 깔때기를 제거했다.

마케터라면 누구나 판매 및 마케팅 깔때기의 이미지를 머릿속에 담고 있다. 그것은 가망고객이 만족감과 판매를 향해 움직이는 선형적인 일방 통로이다. 하지만 흔히 그렇듯이 단순한 스토리라인 뒤에는 훨씬 더 복잡한 상황이 가려져 있다.

판매 이후에 고객을 생각하는 방식을 바꾸려면 깔때기에 대한 집착을 극복해야 한다.

깔때기 은유는 왜 효과적이지 않은가

지금껏 당신은 이 사실을 수없이 목격했다. 마케팅이나 판매 깔때기는 넓은 범위로 시작해서 최종 판매로 좁아진다. 마케팅 활동은 대부분 그 선형적인 과정을 따라 배열된다. 우리는 '깔때기 상부' 활동과 '깔때기 채우기'라는 표현을 쓴다.

깔때기 사고방식을 가진 마케터의 고객 관계 업무는 넓게 시작해서 곧바로 좁아진다. 다음과 같은 식이다.

- 브랜드 인지 활동은 범위가 넓은데 인지도를 쌓아서 깔때기 상부를 채운다.
- 일단 가망고객이 기업을 인지하면 다음 단계로 리드를 창출한다. 이때 일반적으로 등록 양식이나 행사를 통해 정보를 수집한다.
- 가망고객이 결정에 가까워지면 마케팅 조직은 리드를 키우고 판매를 성사시키기 위한 콘텐츠를 전달해 가망고객이 판매 주기를 거쳐 구매에 이를 수 있도록 이끈다.

깔때기 은유에는 심각한 문제가 존재한다.

우선 이 은유는 판매 과정을 불가피한 선형적 경로처럼 생각하지만, 현실은 그리 단순하지 않다. 또한 판매 이후에 일어나는 일은 일반적으로 무시한다. 깔때기 은유의 위력이 아직 사라지지 않다 보니 고객과 마케팅과의 지속적인 관계가 약화되고 만다. 기존 고객은 깔때기의 중대한 부분 바깥에 있기 때문에 마케터들에게 그리 중요해 보이지 않기 때문이다.

물론 우리는 고객과 관계를 맺는 일의 중요성을 인정한다. 고객에게 다가가 성공담과 증언을 얻고 가장 인상적인 것들을 자랑한다. 사용자 콘퍼런스를 열어서 고객의 이름을 언론에 밝힌다. 하지만 우리의 과정과 우선순위는 브랜드 인지와 리드 창출 쪽에 편향되어 있다.

서브스크립션은 어떻게 깔때기를 죽이는가

서브스크립션으로 전환하면 어떤 일이 일어나는가? 구독자는 처음 가입한 이후부터 지속적으로 총수입에 기여한다. 계속 효과를 거두고 싶은 마케터는 판매 이후에도 지속적으로 고객을 키운다.

이 같은 서브스크립션 모델은 단순한 일방 깔때기를 끝장낸다.

기존 고객이 서브스크립션 총수입과 사업 성장에 중요하다는 사실을 인정한다면, 서브스크립션 기업에서 첫 판매가 최종 지점이 아니라는 사실 또한 인정해야 한다. 첫 판매는 시작에 지나지 않는다.

리드 창출이나 관리 활동을 포기할 수는 없다. 하지만 마케팅 작업은 판매가 성사되었을 때 끝나지 않는다. 깔때기 은유는 다음과 같이 서브스크립션 마케팅 과정에 내포된 다른 피드백 루프를 무시한다.

- 기존 고객이 갱신하도록 관리하기
- 기존 구독자에게 상향 판매하기
- 고객에게 새로운 리드를 창출할 수 있는 소개를 부탁하기

서브스크립션 모델의 판매 과정에는 중대한 피드백 루프가 수반된다. 그것은 더 이상 선형적인 일방 통로가 아니다. 전통적인 깔때기 이미지에 이 모든 루프를 그리면 깔때기보다는 프렌치 호른 같은 모양일 것이다. 누구나 알겠지만 프렌치 호른을 완전 정복하기는 어렵다.

대신 여정이라고 표현하면 어떨까? '고객 여정'이라는 표현이 깔때기보다 더 적절할 것이다. 고객 여정이란 고객이 기업이나 솔루션과 상호작용하는 과정에서 택하는 길이다.

'고객 여정'이란 은유는 기업에서 차지하는 고객의 위치가 아니라 고객의 경험을 관심의 중심에 놓는다. 이런 시각에서 보면, 어떤 사람은 기업혹은 기업의 문제을 모르는 상태에서 솔루션을 고려하는 상태로 이동한다. 그 사람이 어떤 시점에 이르러 고려 상태에서 구매 쪽으로

움직일 수 있지만 아마 한 동안은 그럴 일이 없을 것이다. 일부 가망고객은 구매로 이어지는 구불구불한 길을 택할 것이다. 이 과정에서 그들의 문제를 해결할 특정한 콘텐츠와 자원이 필요할 수 있다.

고객 여정에 성공적으로 참여하기 위해 마케팅 조직은 자사의 솔루션이 고객의 삶에 어떤 식으로 어우러지는지를 이해해야 한다. 이를 위해서는 어떻게 고객이 솔루션에서 물건을 구매하고 사용하는가라는 문제에 대한 답을 찾을 필요가 있다. 통찰력은 고객 연구와 강한 문제의식에서 비롯된다.

고객 여정은 구매에서 끝나지 않는다. 솔루션을 이용하기 시작한 구독자는 그것이 자신의 필요조건을 충족시키거나 혹은 충족시키지 않음을 깨닫게 된다. 구독자는 다음 선택 또는 새로운 도전에 직면하게 될 것이다. 혹은 상황이 변할 수도 있다. 예를 들어 B2B 환경의 경우 고객사가 성장하거나 변화할 수 있다. 구매가 끝난 다음에도 삶은 계속되며, 비즈니스는 이어진다. 서브스크립션 기업이 이 계속되는 이야기의 한 부분으로 남을지 아닐지의 여부는 판매 이후의 활동과 연관이 있다.

깔때기가 사라지면 이야기를 전달하고 고객과 관계를 맺으며 마케팅의 역할을 확대할 기회가 생긴다. 서브스크립션 마케터는 지속적인 고객 여정을 지원하는 과정과 캠페인을 추가해야 한다. 이 과정은 고객 지지, 보유, 상향 판매 등 여러 가지 이름으로 불린다. 우리는 이 모든 활동을 '고객 가치 키우기'라는 폭넓게 쓰이는 용어 혹은 이를 줄인 말인 '가치 키우기'로 분류한다.

더 많은 고객이 아니라 더 적절한 고객이 중요하다

서브스크립션은 쌍방 관계이며 모든 고객이 평등하게 창조되는 것은 아니다. 전통적인 1회성 판매 모델에서는 최적격자가 아닌 사람에게 제품을 판매했는지 아닌지의 여부는 그리 중요하지 않았다.

서브스크립션 모델에서는 구독자가 계속 머무는지 여부가 매우 중요하다. 리드를 얼마나 많이 창출하는지에 신경 쓰기보다는 솔루션을 통해 성공을 거두고 충성스러운 고객으로 남을 가망고객을 유치할 방법을 모색하라. 그러려면 리드 창출 '대박'의 짜릿함을 포기하고, 대신 더 정확하게 겨냥한 소수의 가망고객을 창출하는 데 초점을 맞추어야 한다.

계속 머무는 최우수 전환 고객을 찾고 싶다면 가장 성공적인 고객의 행동에 주의를 기울여라. 그런 다음 마케팅 관행을 바꾸어 그 고객과 똑같은 사람을 더 많이 유치할 방법을 모색하라.

이를 위한 지침은 다음과 같다.

서브스크립션 경제로의 이동이 시작되다

- 표적 고객 집단과 적격자인 페르소나를 확인하라.

- 그러한 페르소나를 위한 고객 여정의 단계를 확인하라.

- 초기 인지도에서 고객의 장기적인 성공에 이르는 여정의 각 단계에 콘텐츠
  와 지원을 제공하라.

서브스크립션 모델에서 마케팅과 고객 성공은 고객 여정의 절묘한
한 부분이다.

가치 키우기

초보 골퍼는 마무리 동작까지 포함해서 스윙 전체를 연습하라고 배운다. 골프 스윙의 마무리 동작은 공을 친 다음 공이 향하는 방향에 영향을 미친다.

가치 키우기Value Nurturing는 마케팅과 판매의 마무리 동작과 비슷하다. 이것은 고객을 당신이 원하는 경로로 계속 여행하게끔 만든다. 기업들은 첫 판매를 앞두고 사고 리더십을 발휘하고 리드를 창출해 가망고객을 찾는다. 리드 키우기 활동을 바탕으로 솔루션에서 얻을 수 있는 잠재적인 가치를 가망고객에게 납득시킨다. 이 과정이 성공하면 가망고객이 고객으로 바뀐다. 가치 키우기는 이 활동을 위한 마케팅의 마무리 동작이다.

가치 키우기는 고객이 가치를 경험하도록 돕는 행위이다.

일단 판매가 완료되면 조직의 다른 부서들이 참여하지만 그래도 마케팅이 여전히 중대한 역할을 담당한다. 고객이 가입하면서 기대했던 실용적이고 재정적인 결과를 성취할 수 있는 길로 고객을 이끄는 것은 마케팅의 몫이다.

마케팅은 고객이 성공을 거두고 있음을 깨닫도록 넌지시 자극할 수 있다. 그러면 창의적인 마케터들이 콘텐츠, 커뮤니티, 부가 서비스 혹은 고객이 경험하는 관계의 질을 통해 솔루션에 포함되지 않은 가치를 부가한다. 가치 키우기는 고객을 충성스러운 고객이나 단골 고객으로 변모시키고 나아가 성공을 거둔 고객을 지지자로 변화시킨다.

기존 고객에게 마케팅이라는 개념은 전혀 획기적이지 않다. 어쩌면 당신은 내가 뻔한 이야기를 하고 있다고 생각할지 모른다. 하지만 주변의 여러 기업에서 실시하는 관행을 보면 대개 고객이 무시당한다는 느낌이 든다. '고객 마케팅'을 후미진 구석으로 취급하는 대규모 조직에 대한 이야기도 들었다. 후미진 구석은 창의적이고 주목할 만한 캠페인을 기대할 수 있는 곳이 아니다. 이런 사고방식을 바꾸어야 한다.

서브스크립션 고객은 마케팅으로부터 새롭게 주목을 받아 마땅하다. 그래서 나는 이 과정을 리드 창출과 리드 키우기에 못지않게 중요시하는 새로운 명칭가치 키우기으로 부르길 제안한다.

가치 키우기로 분류할 수 있는 기업 활동에는 다음과 같은 것들이 있다.

▶ 고객 성공 관리

오늘날 고객 성공 관리는 지원이나 판매에 속하지만 마케팅에서는 좀처럼 볼 수 없는 역할을 연상시킨다. 하지만 수만 명의 고객에게 고객 성공 활동을 확대하려면 마케팅 캠페인을 전개해야 한다. 가치 키우기는 대규모로 실행하는 고객 성공customer succes *판매자와 고객의 관계를 책임지고 관리하는 기업의 역할로, 고객을 최대한 성공하게 만드는 것을 목표로 삼는다─옮긴이 활동이다.

▶ 고객 보유

고객 보유 활동은 대부분 이탈할 위험이 있는 고객을 찾아 계속 머물라고 설득하는 데 초점을 맞춘다. 일반적으로 가치 장조보다는 문제 해결에 쓰는 용어이다.

▶ 상향 판매와 교차 판매

이는 성공적인 가치 키우기의 중요한 결과물이다. 그러나 판매를 가치 창조와 혼동해서는 안 된다.

여기에서 정의한 가치 키우기는 리드 창출과 고객 전환이 끝난 다음 일어나는 일련의 활동을 의미한다. 서브스크립션 마케팅의 논리적인 다음 단계인 것이다.

'가치^{value}'라는 단어에는 이 특수한 경우에 쓸모가 있는 본질적인 모호성이 내포되어 있다. 예를 들면 다음과 같은 식이다.

❶ 가치를 알다(동사) : 어떤 대상이나 사람을 중요하거나 쓸모가 있다고 생각
   하는 것

   예시문/ "나는 그때 너무 어려서 그녀의 가치를 알지 못했지만 지금은 그녀
   를 안다."(셰익스피어)

❷ 교환 가치 (명사) : 가치나 중요성의 상대적 평가액

   예시문/ "이 그림의 교환 가치는 얼마인가?"

❸ 가치관(명사) : 행동의 원칙이나 기준

   예시문/ "습관이 가치관이 되고 가치관이 운명이 된다."(간디)

가치 키우기를 통해 고객에게 지속적인 서브스크립션이 경제적으로 현명한 결정이라는 믿음을 심을 수 있다. 또한 시간이 지나면서 어떤 솔루션의 상대적 가치에 대한 고객의 인식을 높일 수 있다. 이런 활동들이 '가치'의 처음 두 가지 정의를 뒷받침한다.

마지막으로 마케팅을 통해 고객의 개인적인 가치관에 맞는 솔루션을 제시할 수 있다는 사실 또한 중요하다. 많은 사람이 자신의 핵심 가치관을 공유하는 조직과 거래하고 싶어 한다. 이런 경향이 사회 문제나 환경 문제와 관련된 목적 주도 마케팅의 성장에 박차를 가하고 있다.

이 세 번째 유형의 '가치', 즉 원칙이나 이상의 조화가 서브스크립션 경제에 특히 중요하다. 서브스크립션 경제에서는 고객이 판매업체와 지속적으로 관계를 유지하기 때문이다.

그런데 누구의 가치인가?

가치 키우기를 고객 평생 가치처럼 화폐 단위로 환산하고 싶은 마음이 들 것이다. 고객이 기업과 관계를 유지하는 동안 어느 정도의 돈을 제공하는가? 당신은 가치를 가장 효과적으로 활용할 수 있는가?

물론 우리의 최종 목표는 총수입의 성장이다. 하지만 순전히 기존 고객으로부터 더 많은 돈을 얻겠다는 심산으로 가치 키우기에 접근하는 것은 금물이다. 우리는 한 번쯤 상향 판매에 실패하고서야 비로소 상향 판매가 고객과의 관계에 해롭다는 사실을 깨닫게 된다. 만약 당신이 관계가 아니라 오로지 돈 때문에 고객에게 관심을 쏟는다면 고객은 금세 알아차릴 것이다.

또 다른 단위, 즉 고객을 위한 경제적 가치Economic Value to the Customer, EVC를 고려하라. 경제학자들은 EVC를 고객이 솔루션에 기꺼이 지불할 최대치라고 설명한다. EVC는 고객이 얻을 수 있는 유형의 혜택과 무형의 혜택을 결합한 것이다.

서브스크립션 고객에게 EVC는 갱신 비용보다 커야 한다. 고객이 경험하는 경제적 가치를 높이는 것이 마케팅의 임무이다.

가치 키우기의 핵심은 고객에게서 마지막 남은 한 푼까지 돈을 짜내는 것이 아니라, 고객이 인식하는 솔루션의 가치를 높이는 것이다. 고객을 성공시키는 일에 능숙해질수록 기업은 장기적으로 더 큰 성공을 거둘 것이다. 가치 키우기를 훌륭하게 완수하면 총수입은 자연스럽게 증가한다.

경제적 가치가 전부가 아니라는 듯이, 인지과학은 서브스크립션 사업 모델에 고객이 행복해질 수 있는 가능성이 내포되어 있다고 말한다. 돈을 지불할 때는 약간의 고통이 따른다. 손실을 좋아하지 않는 우리에게 지불하는 순간은 손실처럼 보인다. 당연한 일이다. 서브스크립션은 지불이라는 여러 번의 사소한 결정을 구독이라는 한 가지 결정으로 대체한다.

인지과학은 또한, 일단 지불의 고통이 끝나면 마음껏 구매의 결과를 즐긴다고 지적한다. 《행복한 돈 : 더 행복한 지출의 과학Happy Money: The Science of Happier Spending》의 저자 엘리자베스 던Elizabeth Dunn과 마이클 노턴Michael Norton은 선불로 무언가의 값을 치른 다음 그것을 지속적으로 즐길 때 우리가 가장 행복해한다고 밝혔다. 이를테면 모든 것이 포함된 휴가에 값을 치르고 나면 매순간을 음미하며 즐길 수 있다.

선불로 지불하는 서브스크립션 모델을 택할 때, 지속적인 즐거움을 향한 문이 열린다. 가치 키우기의 핵심은 판매가 끝난 다음 고객이 경험할 가치를 극대화하도록 설계하는 것이다. 그것은 고객의 행복을 추구하는 일이며 따라서 창의적인 방식으로 접근하면 매우 재미있을 것이다.

가치 키우기의 중요한 다섯 가지 개념

'가치'라는 단어에 몇 가지 의미가 있듯이 가치 키우기에는 적어도 다섯 가지 접근 방식이 있다.

서브스크립션 경제로의 이동이 시작되다

▶ 고객이 성공을 발견하도록 돕기

사람들이 여러분의 솔루션을 구독하는 데는 이유가 있다. 이를테면 솔루션을 이용하면 돈을 절약할 수 있거나, 생활이 더 편리해지리라고 생각할 수 있다. 어쩌면 솔루션이 재미있어 보였을 수도 있다. 사적인 용도이든 사업상 용도이든 간에 사람들은 서브스크립션의 대가로 가치를 기대한다.

단적으로 표현한다면, 가치 키우기란 고객이 이 가치를 깨달아 마케팅을 통해 전달되는 브랜드의 약속을 실현하게끔 돕는 일이다. 이처럼 가치를 키우기 위해서는 마케팅 조직은 물론이고 고객 성공 관리 부서와 협력해야 할 수 있다. 현명한 서브스크립션 마케터는 판매가 끝난 이후의 고객 경험에 더 관심을 기울인다.

▶ 가치 입증하기

일단 고객이 성공을 거두기 시작한 다음 마케팅을 통해 그들이 실현하고 있는 가치를 조심스럽게 일깨울 수 있다. 이 전략은 넌지시 가치를 상기시키는 메시지를 보내는 방법부터 개인화한 데이터를 전달하는 방법에 이르기까지 다양하다. 이 모든 방법의 목적은 고객의 마음속에 유형이든 무형이든 상관없이 가치의 경험을 강화하는 것이다.

▶ 솔루션에 포함되지 않은 가치 창조하기

창조적인 마케팅 조직은 단순히 솔루션의 혜택을 전달하는 데 그치지 않는다. 그들은 콘텐츠와 커뮤니티, 데이터를 통해 제품이나 서비스에 포함되지 않은 가치를 부가한다.

▶ 관계를 통해 가치 창조하기

서브스크립션은 고객과 장기적인 관계를 맺을 때 성공할 가능성이 커진다. 이처럼 장기적인 관계를 도모하고 관리하는 역할을 마케팅 팀이 맡을 수 있다. 이런 전략을 고객 마케팅 분야의 '연애 상담'이라고 생각하라. 그리고 고객이 당신의 회사와 거래하기를 좋아하게끔 만들 방법을 찾아라.

▶ 고객의 가치관과 조화 이루기

고객 충성도가 서브스크립션 기반 기업의 재정 성과를 결정한다. 적극적인 태도를 취하면 장기적으로 성과를 거둘 수 있다. 가치관을 성공적으로 공유하는 기업은 고객과 탄탄하고 지속적인 유대를 맺는다. 목적 주도적인 마케팅 전략의 영향력이 앞으로 점점 커질 것이다.

자신의 길을 선택하라

이어지는 파트 2에서는 가치 키우기를 위해 실행하기 위한 포괄적인 개념의 목록을 제시한다. 개중에는 확실히 마케팅 영역에 속하는 개념이 있는가 하면, 조직의 경계를 초월해서 협력해야 하는 개념도 있다. 그 가운데 일부는 단시간에 쉽게 실행할 수 있으나 일부 개념에는 대대적인 뒷받침이 필요하다.

이 전략을 어떻게 실행할지는 당신의 몫이다. 어쩌면 당신은 이 가운데 여러 활동을 이미 실천하고 있을 수 있다. 물론 그것을 가치 키우기라고 생각하려면 관점을 바꾸어야 할지 모르지만 말이다. 몇 가지 전략을 실행하고 있더라도 더 많은 전략을 포함시킬 방안을 고려하라. 고객 충성도에는 포화점이 없다.

파트 2의 마지막 장에서는 무료 시험 전환에 대해 살펴본다. 여러 기업에서 리드 키우기가 끝나고 가치 키우기가 시작되는 중대한 순간은 무료 시험 단계이다. 어떤 종류의 시험을 제시하든 간에 그것이 고객의 경험을 키우는지에 주의를 기울여라.

덧붙인 사례들은 비단 서브스크립션 기업뿐만 아니라 모든 유형의 기업에서 얻은 것이다. 코카콜라 같은 브랜드와 레이디 가가^{Lady Gaga} 같은 록 스타는 하나같이 청중의 충성도를 유지하는 일의 가치를 인식한다. 세상에는 서브스크립션 마케터가 본받을 만한 스승이 많다.

그러므로 동종 산업에 속하지 않는 기업의 경험에 주의를 기울여라. B2B 솔루션을 전달하는 기업이라면 반드시 소비자 기반 사례를 세심하게 읽어야 한다. 당신의 경쟁 분야를 넘어서서 폭넓게 바라보며 개방적인 태도를 유지하면 많은 것을 배울 수 있다. 급속도로 변화하는 현대 마케팅 환경에서 안전지대에서 벗어나면 성과가 따를 것이다.

PART 2

성공적인
전환을 위한
가치 키우기
전략

거래 개시 계획을 수립하라

대부분의 마케터에게 있어 멋진 제품을 론칭하는 것보다 더 뿌듯한 일은 없다. 제품 출시, 기업 출범, 도서 출판 등 우리는 무엇이든 세상에 선보인다. 론칭은 성취감을 느끼게 하며 파티를 개최할 빌미를 제공한다.

그런데 문제가 있다. 눈길을 끌 만한 매력적인 론칭에 가슴이 설레다 보니 주변에서 일어나는 사소하지만 중대한 사건들, 즉 고객 거래 개시를 무시하기 십상이다. 시간이 지나면 이런 개인적인 시작이 어떤 언론 출판 행사보다도 기업에 더 큰 영향을 미치는 데도 불구하고 말이다.

가치 키우기 전략이라는 '따기 쉬운 과일'을 찾고 있다면 이미 찾은 것이나 다름없다. 어떤 사람들이 당신의 고객이 되도록 동기를 부여했다면, 그들이 가입한 이후 탄력을 잃고 가입한 동기조차 잊기 전에 지속적으로 성공을 맛볼 수 있게끔 하라.

기업이라면 모름지기 거래 개시 계획을 세워야 하며 이 계획은 서브스크립션 기반 모델과 전통적인 기업 모델에 모두 효과적이다. 고객 거래 개시 계획을 세우지 않는 데는 변명이 여지가 없다. 게다가 당장 행동해야 할 강력한 심리적인 이유가 존재한다.

최대한 조속하게 고객이 여러분의 솔루션을 실행하고 가치를 인식하게 만들 거래 개시 계획을 기획하라. 초기에 성공을 거두면 긍정적인 확증 편향이나 이미 내린 결정을 뒷받침할 증거를 찾으려는 경향이 강화된다. 다시 말해, 우리는 선택이 끝나면 곧바로 그 결정이 바람직한 것임을 확증할 증거를 찾는다는 것이다. 행동 경제학자 리처드 탈러Richard Thaler는 《똑똑한 사람들의 멍청한 선택Misbehaving: The Making of Behavioral Economics》에서 다음과 같이 말한다.

"사람들에게는 반증 증거보다는 확증 증거를 찾는 타고난 성향이 있다."

우리는 서브스크립션을 선택한 것이 옳았음을 입증할 경험을 찾는다. 따라서 서브스크립션을 시작한 초기는 그런 확증 증거를 제공할 수 있는 소중한 기회이다.

그렇기 때문에 '고객 온보딩'이나 환영 경험이 매우 중요하다. 첫 상호작용에서 구독자가 해당 서비스를 사용하기로 결정한 것이 옳았다는 사실을 확증해줘야 한다. 결정하는 과정에는 노력이 필요하다. 그런 이유로 사람들은 결정을 되풀이해서 분석하지 않는다. 솔루션을 이용해서 좋은 결과를 얻는다면, 십중팔구 그 솔루션을 다시 구독할 것이다.

90/10 규칙 : 시작의 장벽을 제거하라

고객 성공 관리 솔루션 제공업체인 서비스소스에 따르면 신규 구독자에게는 90/10 규칙이 적용된다. —90일 내에 당신의 솔루션을 사용하지 않는 고객이 충성스러운 고객이 될 확률은 고작 10퍼센트에 지나지 않는다. 물론 이 데이터는 기술 솔루션에 편향되어 있지만, 90/10 규칙이라는 개념은 거의 모든 서브스크립션에 적용된다. 사용하지 않으면 서브스크립션해야 할 이유가 뇌리에서 희미해지기 때문이다.

동영상이나 다른 유용한 자원과 링크를 걸어서 일련의 이메일을 발송하는 방법으로 거래 개시 세획을 시작할 수 있다. 이때 수신자가 '수신 거부'할 수 있는 방법을 제공하라. 모든 이메일과 거래, 커뮤니케

성공적인 전환을 위한 가치 키우기 전략

이션을 통해 고객이 당신의 상품을 선택할 이유를 강화시켜라.

애플이 제품의 패키지 디자인에 대대적으로 투자하는 이유를 생각해 본 적이 있는가? 박스를 여는 순간 여러분이 특별한 무언가를 사용하고 있다고 느낀다면 그것은 계속 경험하라는 신호가 될 것이다. 만약 물리적인 제품을 다루지 않는 기업이라 해도, 고객과의 첫 상호작용은 사실상 배송에 비유할 수 있다. 고객이 경험을 시작해서 탐구하는 과정에 세심하게 주의를 기울여라.

고객 여정은 판매로 끝나지 않는다. 고객의 관점에서 볼 때 판매시점은 적어도 이야기가 흥미로워지기 시작하는 순간일 것이다.

구독 과정의 각 단계를 세심하게 설계하는 단순한 활동이 가치 키우기를 위한 첫 시도가 될 수 있다.

예를 들어 미국 소비자들은 어떤 애플리케이션이나 이메일 서비스를 구독할 때마다 어쩔 수 없이 다음과 같은 메시지를 읽게 된다. "이메일을 확증 링크로 확인하시오." 미국에서는 이 이중 수신 동의를 통해 이메일 서브스크립션이 스팸 제거 규정을 충족시키는지 확인한다. 이중 수신 동의는 서비스에 가입하는 사람이 본인의 것이라고 주장한 이메일 계정과 실제로 연결되어 있다는 사실을 확인하는 방법으로 기업을 보호한다.

수신 동의를 확인하는 이메일을 구독자는 어떻게 받아들일까? 어조와 문제가 어떤가? 여러분은 사람들이 어떤 문제를 가지고 있을 것이라고 예측하는가? 구독을 확인하려고 링크를 클릭하면 어디로 연결되는가? 신규 고객이 가장 먼저 보고 싶어 하는 것은 무엇인가?

이 같은 과정을 찬찬히 살피면서 바람직한 인상을 심고 사용자를 다음 단계로 이끌 수 있는 모든 기회를 찾아라.

환영 이메일

훌륭하게 구성한 환영 이메일처럼 간단한 거래 개시 계획을 세울 수도 있다. 당신도 분명 세웠을 것이다. 그렇지 않은가?

고백하건대 나는 이따금 충동적으로 어떤 애플리케이션에 가입해 놓고 사용하지 않는다. 가입했다는 사실을 까마득히 잊기도 한다. 이 때 훌륭하게 작성된 환영 이메일이 실패 경험을 방지할 수 있다.

예를 들어, 나는 온라인 프레젠테이션 도구인 하이쿠덱Haiku Deck 서비스에 가입했으나 당장 작성해야 할 프레젠테이션이 없어서 사용하지 않았다. 몇 달이 지나서 그 서비스를 이용할 일이 생겼다. 이메일을 훑어보는데 환영 편지가 눈에 띄었다. 다음과 같은 내용이 포함된 그 이메일 덕분에 나는 가입한 사실을 기억해내고서 서비스를 이용할 수 있었다.

성공적인 전환을 위한 가치 키우기 전략

- 로그온하는 방법잊어버린 패스워드를 리셋하는 방법

- 시작 자료와 지침서로 연결되는 링크

- 자주 묻는 질문들로 연결되는 링크

이메일은 친근한 대화체로 작성되어 있었다. 게다가 애초에 내가 서비스에 가입한 이유를 일깨워준 점이 더욱 마음에 들었다. 가입해서 사용을 시작하기까지 텀이 있는 경우, 환영 이메일이 중요한 역할을 수행할 수 있다.

소셜미디어 공유 및 스케줄 작성 서비스인 버퍼Buffer는 훌륭한 환영 이메일의 또 다른 사례를 제공한다. 내가 버퍼의 '어썸Awesome' 플랜에 가입하자 이메일 두 통이 곧바로 도착했다.

버퍼의 공동 설립자 겸 CEO인 조엘 개스코인Joel Gascoigne의 계정에서 온 첫 번째 이메일은 나를 구독자로 맞이하면서 지속적인 관계를 맺기 위한 사적인 분위기를 조성했다. 그는 또한 언제든지 취소 가능하다는 사실을 일깨웠다. 처음 가입한 구독자를 이런 방식으로 대하는 기업은 그리 많지 않다. 편지를 읽는 것만으로 회사에 대한 내 신뢰도가 약간 높아졌다.

지불 영수증이 담긴 두 번째 이메일에서도 버퍼는 야유회에 참석한 자사 직원들의 사진을 담아, 거래를 재미있고 사적인 경험으로 만들었다. 두 번째 이메일은 다음과 같은 문구로 끝을 맺었다.

"우리는 날마다 귀하에게 큰 가치를 제공하기 위해 최선을 다할 것입니다."

앞서 서브스크립션 마케팅의 임무는 신뢰를 얻고 가치를 키우는 것이라고 말한 것을 기억하는가? 버퍼는 두 통의 환영 이메일에서 이 두 가지를 수행하겠다는 목표를 분명히 밝혔다. 훌륭하다.

거래 개시 계획의 핵심은 자동 발신 이메일과 온라인 온보딩이 아니다. 때로는 개인적인 인사가 최고의 환영이 되기도 한다. 솔루션이 갈수록 하이테크에 의존하는 오늘날, 이메일과 전화 통화, 심지어 손편지를 주고받는 개인적인 관계가 더욱 효과적일 수 있다.

자동 온보딩 프로그램

테크놀로지가 발달한 덕분에 고객이 솔루션으로 무엇을 하며 출발이 순조로웠는지 여부를 확인하는 것이 가능해졌다. 사업 규모가 클 경우, 자동으로 사용과 채택을 추적할 방법을 모색하라. 고객이 성공을 거두지 못하는 것처럼 보인다면 직접 연락해서 도울 방법이 있는시 확인하라.

그리고 회사 내외부의 사람들을 대상으로 이 같은 온보딩을 세심하게 시험하라.

사용자 온보딩의 좋은 사례와 나쁜 사례, 이상한 사례가 궁금하다면 사무엘 홀릭Samuel Hulick이 본인 웹사이트 useronboard.com에서 발표한 '해체teardowns'를 참고하길 바란다. 장담하건대 새로운 시각으로 여러분의 온보딩 과정을 평가할 수 있을 것이다.

초기 성공을 기획하라

최고급 외식 사업의 성공은 반복 고객과 고객 소개를 토대로 한다. 고객이 음식과 공간, 서비스 등 전반적인 경험에 투자할 가치를 느끼지 못한다면 고급 레스토랑은 성공할 수 없다.

미국에서 캘리포니아 주 욘빌Yountville, California의 프렌치 론드리The French Laundry만큼 우수한 레스토랑은 좀처럼 찾기 어렵다. 미슐랭 3스타를 자랑하는 이 레스토랑에는 대기자가 몇 달씩 밀려 있다. 예약하고 한참을 기다렸다가 마침내 레스토랑으로 들어서면 고정 가격 프랑스어로 프리 픽스(prix fixe) 메뉴가 당신을 기다린다. '그곳에서 식사를 했다는 사실이 친구들에게 자랑거리가 되는' 이 유명한 레스토랑의 직원들은 이때 무엇을 할까? 그들은 당신에게 아이스크림콘처럼 생긴 작은 애피타이저를 건넨다. 훈제 연어와 부드러운 웨이퍼에 든 크렘 프레슈^{프랑스의 유제품으로, 우유에서 지방분을 뺀 크림 - 옮긴이}로 만든 것이다.

나는 프렌치 론드리에 가본 적은 없으나 요리사 토마스 켈러^{Thomas Keller}가 자신이 만든 유명한 연어 콘의 역할을 설명하는 내용을 들은 적이 있다. 그는 그것이 식사의 중요한 요소의 하나라고 말한다.

그 묘한 뜻밖의 애피타이저는 두 가지 역할을 한다. 첫째, 이 이름난 외식의 메카에 들어서며 위압감을 느낄 수 있는 손님들을 환영한다. 어색한 분위기를 깨기에 아이스크림콘 모양의 별식을 건네는 것보다 더 좋은 방법이 있을까? 둘째, 친근한 음식으로 외식 경험의 시작을 알린다. 켈러가 전하듯이 사람들은 이미 경험한 음식 맛^{연어와 사워크림}이 나는 애피타이저를 대체로 좋아한다.

마케팅 관점에서 볼 때 이런 방식은 깔끔한 고객 거래 시작 계획이라 할 수 있다. 친근한 제스처로 관계를 맺고 성공적인 첫 경험을 선사한다. 여러분의 솔루션에 이와 비슷한 초기 성공을 담을 방법을 모색하라.

동영상을 이용해 성공을 가속화하라

솔루션을 사용하기가 쉽지 않다면 마케팅을 통해 고객이 최대한 힘들이지 않고 정보를 신속하게 파악하게끔 만들어라.

이를 위해서는 동영상이 요긴할 수 있다. 사용법에 대한 설명을 읽는 것보다는 영상으로 보는 편이 이해하기 편하다. 또 고객들은 자신이 원하는 시간에 이를 시청할 수 있다. 비교적 사용하기 쉬운 솔루션인 경우에도 동영상을 이용하여 초기에 생기는 모든 질문에 해답을 제시하는 것이 좋다.

시간제 차량 공유업체인 집카는 일련의 짧은 동영상을 제공한다. 이 동영상은 집카의 한 사용자가 자동차를 구하고, 예약하고, 차량에 연료를 주입하고, 반환하는 과정을 보여준다. 각각 2분이 넘지 않는 여러 동영상이 신규 고객의 궁금증을 해결한다.

솔루션에 지침을 포함시켜라

가장 단순한 솔루션이라도 학습 곡선이 있다. 당신의 임무는 고객이 단시간에 곡선을 통과해서 고객이 되는 과정이 '어려운 인지 활동'이 아닌 '쉽고 보람 있는 일'이 되도록 돕는 것이다.

솔루션에 소프트웨어가 포함될 경우, 온라인 지침과 팝업을 포함시키면 학습 과정에서 사람들을 효과적으로 안내할 수 있다. 기업 메신저 서비스를 제공하는 슬랙Slack은 거의 집착에 가까울 정도로

성공적인 전환을 위한 가치 키우기 전략

사용자 경험에 전적으로 초점을 맞추어 전사적 소프트웨어enterprise

software *모범 실무를 반영하여 미리 정의된 수많은 비즈니스 프로세스를 근간으로 만든 소프트웨어—옮긴이

에 대한 인식을 바꾸었다. 슬랙의 직원들은 초창기부터 사용자가 조속히 성공하는 것이 성장의 핵심이라는 사실을 깨달았다. 직원들만 사용하는 협력 도구가 무슨 소용이 있겠는가?

슬랙의 CEO 스튜어트 버터필드Stewart Butterfield는 인터뷰에서 다음과 같이 고객 성공이 설계의 최우선 목표임을 밝혔다.

"우리는 새로운 사용자 경험에 모든 노력의 초점을 맞추며 나는 그것이 변화를 일으켰다고 생각한다."

이 초점은 첫 로그인까지 이어진다. 슬랙은 로그온을 위한 사용법이 담긴 평범한 확인 이메일 대신에 첫 구독자에게 쉽게 로그인할 수 있는 '마법의 링크'를 제공한다. 쾌활한 자동 슬랙봇Slackbot이 사람들을 다음 단계로 넘어가게끔 돕고 해당 상황에 적절한 선택 방안과 조언을 제공하고 격려한다.

하지만 내장된 지원이 지나쳐서는 안 된다. 마이크로소프트 오피스 초기 버전에서 제공되었던 페이퍼 클립인 클리피Clippy를 기억하는가? 안타깝게도 클리피는 전 세계 마이크로소프트 사용자를 혼란스럽게 만들었다. 지원과 무리한 개입은 종이 한 장 차이이다. 쉽게 수신 거부할 방법을 제공하라.

그렇다고 봇을 제작할 필요는 없다. 누군가 처음 로그온했을 때 조언과 제안이 등장하게끔 내장하는 것으로 충분하다. 아니면 정기 이메일 캠페인을 만들어 서브스크립션이 시작되고 처음 몇 주 동안 매주 제안을 발송하라.

중요한 이정표로 고객을 인도하라

가입 이후의 초기 캠페인이 성공하면 고객 성공이 그 뒤를 따른다. 그러니 고객 성공 전도사인 링컨 머피의 조언을 명심하라. 머피는 고객이 성공하게끔 돕는 핵심 세 단계를 설명했다.

- 여러분의 솔루션에 적합한 고객을 확인하라.
- 고객이 원하는 결과를 확인하라.
- 결과를 기획하라.

상품이 얼마나 복잡한지에 따라 고객 온보딩 과정의 단계가 많아질 수 있다. 고객이 모든 이정표를 통과하면 원하는 결과를 얻을 가능성이 높아질 것이다.

고객 세분화 작업을 완수하면 적절한 이정표로 이끄는 캠페인에 고객을 자동적으로 참여시킬 수 있다. 어떤 경로를 택해야 할지 확실히 파악하지 못한 고객에게는 목표에 적합한 '거래 개시 계획'에 참여할 기회를 미리 제공하라. 훈련과 점검표, 필요할 경우 개인적인 지원 등을 포함시켜 구체적으로 계획을 세워라.

플랫폼의 미래, 서브 스크립션

고객의 습관을 바꿔라

사람들이 행동을 바꾸어야 실행할 수 있는 솔루션의 경우, 고객이 새로운 습관을 기를 때 영향을 미칠 수 있다. 스탠퍼드 대학교 설득 기술 연구소^{Persuasive Technology Lab} 소장 B.J. 포그^{B.J. Fogg}는 테크놀로지를 이용해 행동을 바꾸는 방법을 연구한다. 그가 개설한 포그 방법^{Fogg method}은 세 단계로 구성된다.

- 원하는 구체적인 행동을 확인하라.
- 이 최종 목표를 향하는 작은 단계를 결정하고 단순하게 만들어라. 더 쉬운 행동일수록 습관으로 자리 잡을 확률이 더 크다.
- 자극제나 환경 변화를 통해 이 행동을 유발하라.

성공적인 전환을 위한 가치 키우기 전략

테크놀로지는 이런 행동을 유발하거나 상기시킴으로써 습관이 형성되게끔 도울 수 있다. 하지만 쉽게 고칠 수 없는 행동이 있을 수도 있다. 아무리 솔루션이 훌륭하더라도 고객이 행동 방식을 곧바로 바꿀 것이라는 생각은 금물이다.

습관을 바꾸는 과정으로 고객을 인도하라

명상은 운동과 비슷하다. 매일 실천할 시간을 내는 것이 어렵다. 온라인 명상 앱 헤드스페이스 Headspace의 도전은 앱 사용법을 설명하는 것이 아니라 사람들이 규칙적으로 시간을 내어 명상하게 만드는 일이다.

헤드스페이스는 10일 동안 10분씩 실천하는 무료 과정 '테이크 텐 Take Ten'을 제공함으로써 잠재 고객이 명상 습관을 수월하게 기를 수 있도록 돕는다. 일단 서브스크립션이 시작되면 회사에서 일반적인 링크와 사용법이 담긴 환영 편지를 발송해 10일 동안 계속할 수 있도록 격려한다. 이 이메일은 맺음말에서 유료 서브스크립션과 추가 명상 강좌를 선택하도록 유도한다. 고객은 명상 알림을 수신하거나 명상 동료에게 연결해달라고 요청할 수 있다.

적절하게 알림을 제공하기 위해서는 세심하게 균형을 맞추어야 한다. 마음 챙김과 내적 평화를 권장하는 기업이라면 구독자의 심기를 불편하게 만들고 싶지 않을 것이다. 헤드스페이스는 사람들이 명상 수련을 시작하게끔 이끌고 알림과 사회적 지원을 제공하는 소프트웨어를 보충함으로써 습관 형성에 영향을 미친다.

게임화로 새로운 습관을 권장하라

새로운 습관을 기르는 과정에서 우호적인 경쟁은 행동의 동기가 될 수 있다. 건강 추적 앱들이 사용자에게 본인의 데이터를 다른 사람과 공유하라고 제안하며, 경쟁적이고 게임 같은 특징을 포함시키는 것은 바로 이때문이다.

게임화는 전통적인 게임의 요소^{포인트나 배지, 경쟁}를 다른 비게임 활동에 추가해 재미를 가미하고 습관을 형성하는 방식이다. 게임화를 이용해 채택과 충성을 유도하는 기업이 많다.

나는 수년 동안 다른 세 명 단원과 차량을 공유하여 합창 연습에 참석해왔다. 실리콘밸리에 거주하는 우리는 웨이즈^{Waze} 같은 내비게이션 애플리케이션을 이용한다. 길이 막히거나 샌프란시스코의 뒷길로 우회할 때면 교통 상황을 관찰하고 도착 예정 시간을 계속 확인하며 정체나 사고를 다시 앱에 보고하곤 한다. 이처럼 웨이즈 사용자들은 직접 목격한 사건을 보고함으로써 운행 포인트를 얻고 이 포인트를 모아서 트래픽 닌자^{traffic ninja} 아이콘을 획득한다. 실시간 경험을 공유하는 고객들 덕분에 데이터는 더욱 풍부해지고, 이는 모든 웨이즈 사용자들에게 이득이 된다. 효과적인 네트워크에 데이터가 추가되면 전반적인 네트워크의 가치가 커지는 법이다. 참가자에게 포인트를 제공하는 방식으로 웨이즈는 구독자들이 앱을 이용해 더 많은 정보를 전달하게끔 유도하고 충성도를 높였다.

서비스의 게임화를 통해 차량 통근하는 경험을 개선할 수 있다니, 이는 대단한 일이다.

이처럼 경쟁 요소나 게임 요소를 추가하면 고객이 단시간에 솔루션의 가치를 깨닫도록 격려할 수 있다.

멋진 훈련을 제공하라

전사적 소프트웨어 같은 솔루션을 이용해 장기적으로 성공을 거두기 위해서는 고객이 전문 지식을 익힐 필요가 있다. 이 경우 학습이 솔루션을 채택하는 데 있어 장애요인이 된다. 따라서 구독자들이 쉽게 이용할 수 있도록 효과적인 교육을 제공해야 한다.

훈련 프로그램은 마케팅 조직이 고객의 가치 인식에 영향을 미칠 수 있는 황금 같은 기회이다. 고객을 위한 경제적 가치, 즉 EVC는 고객이 인식하는 유형과 무형 가치의 총합임을 기억하라. 복잡한 제품의 경우 효과적인 교육은 솔루션의 유형 가치를 높일 수 있는 가장 확실한 방법으로 손꼽힌다.

흥미롭게도 효과적인 훈련은 또한 인식되는 가치 혹은 무형 가치를 높일 수 있다. 고객이 학습에 시간과 노력을 투자할 때 솔루션에 대한 헌신도가 높아진다.

이처럼 교육의 임무를 훌륭하게 완수하면 고객이 충성스러운 지지자로 변화할 가능성이 높아진다.

고객 니즈에 기반을 둔 훈련을 선택하라

고객에 니즈에 어울리는 올바른 포맷과 분량으로 훈련을 기획하고 제시하라. 이를테면 기업 소프트웨어의 경우, 관리자나 파워 유저^{컴퓨터 기능을 익혀 그 능력을 최대한 활용하는 사용자―옮긴이}들은 집중 교육을 원하는 반면 그 밖의 모든 사람은 약간의 동영상으로 쉽게 학습하기를 원한다.

몇몇 훈련 방식을 개발해 사람들이 적절한 시기에 이용할 수 있는 간단한 기능적 구성요소로 나눌 수 있다. 라이브 웨비나^{웹(Web)과 세미나 (seminar)의 합성어로 웹 사이트에서 행해지는 실시간 혹은 녹화의 양방향 멀티미디어 프레젠테이션―옮긴이}를 제공하는 경우라면 예정된 시간에 참석할 수 없는 사람들을 위한 녹화 자료를 발표하라.

온디맨드 학습과 교육을 위하여 선택할 수 있는 방안은 무척 많다. 고객은 기업이 이와 비슷한 범위의 선택지를 제공하길 기대할 것이다. 동영상과 팟캐스트, 서면 자료처럼 다양한 포맷으로 훈련을 제공하라. 지시나 지원을 받는 훈련이라면 교육 관리 시스템을 사용하는 방안도 고려할 만하다.

인증서를 통해 가치를 부가하라

심층 훈련을 완수한 사람에게는 공식적인 인증서를 제공함으로써 교육의 효과를 확대하는 것이 좋다.

인증서는 고객에게 본인의 기술을 입증하는 명백한 증거를 제공하고 그 기술 세트의 한 요소로서 솔루션의 가치를 더욱 높인다. 애플, IBM, 구글, 허브스팟HubSpot, 그 밖에도 수많은 테크놀로지 선두기업이 인증 훈련을 제공한다. 테크놀로지 기업은 인증 받은 사람들이 특히 이직이 잦은 산업에서 열렬한 옹호자가 된다는 사실을 안다.

성공적인 전환을 위한 가치 키우기 전략

고객 스토리를 공유하라

기업은 흔히 사례 연구나 고객 성공 스토리를 리드 키우기 콘텐츠로 이용해 가망고객을 판매 주기로 이끈다. 이때 마케터는 사례 연구나 고객 성공 스토리를 즐겨 이용하는데 이것이 필수적인 사회적 증거, 즉 다른 사람들이 어떤 일을 하니까 그것이 가치 있는 일임에 틀림없다는 느낌을 주기 때문이다.

고객 스토리는 가치 키우기에도 중요한 역할을 담당한다. 이미 고객 스토리를 작성하고 있다면 이를 바탕으로 기존 구독자들이 인식하는 가치perceived value를 높여라.

구독자들과 고객 스토리를 공유하라

마케팅 조직이 흔히 하는 실수가 있다. 기존 고객에게 사례 연구에 참여해달라고 요청하면서, 그들이 사례 연구 결과를 받는 일에도 관심이 있다는 걸 잊곤 하는 것이다. 고객 스토리는 다른 사람들의 성공 사례를 효과적으로 설명한다. 고객에게 어떤 혜택을 상기시키거나 더욱 분발하라고 고무시킬 수 있다.

십중팔구 당신은 이미 가망고객을 유치하고 리드를 창출하고자 고객 스토리를 작성하고 있을 것이다. 이 스토리를 기존 고객에게 전달하려면 조금 더 노력해야 한다. 이 전략을 이미 보유하고 있는 콘텐츠를 이용하는 '가치 키우기의 무료 시험'이라고 생각하라. 이 무료 시험 버전은 다음과 같은 단계로 이루어진다.

- 처음 서브스크립션하는 고객에게 적절한 스토리를 보내라.
- 고객 스토리를 처음 발표할 때 기존 고객과 공유하라.
- 구독자들에게 멋진 스토리나 흥미로운 적용 사례를 적극적으로 부탁하라.

이 가치 키우기 캠페인을 통해 기업은 구독자와 대화를 시작할 기회를 얻을 수 있다. 어쩌면 여러분의 솔루션을 이용해 흥미로운 경험을 하고 이 스토리를 기꺼이 공유할 사람들을 발견할지도 모른다.

성공적인 전환을 위한 가치 키우기 전략

창고형 할인 매장 코스트코Costco의 회원인 나는 월간지 〈코스트코 커넥션스Costco Connections〉를 받는다. 코스트코는 이 잡지에 여러 소기업 회원을 소개한다. 이 잡지는 유용한 콘텐츠를 제공하는 것은 물론이고 회원과 회원들의 활동을 소개한다. 기존 고객을 소개하는 것은 서브스크립션에 가치를 부가하는 효과적인 방법이다.

고객에게 본인의 스토리를 전할 기회를 주어라

회의에서 직접 일어나서, 혹은 블로그 포스트나 고객의 글에서 누군가 본인의 스토리를 전하면 어떤 일이 일어날까? 그런 고객은 자신의 생각을 솔직하게 밝힘으로써 기업의 옹호자가 된다. 이들은 고객으로서 본인의 성공을 자기 것으로 만들고 '소유한다.' 기업이 고객에게 자신의 전문지식을 공개하거나 다른 사람을 도울 기회를 제공한 셈이다.

고객 스토리는 옹호 마케팅이나, 기업을 대신하여 충성스러운 고객이 증언하도록 유도하는 과정 요소이다.

그렇다면 단순히 전통적인 마케팅 주도 '고객 성공 스토리' 프로그램에 그치지 않고, 사람들이 직접 전하는 스토리를 구할 방법이 있을까? 클라우드 기반의 고객지원 플랫폼을 제공하는 젠데스크Zendesk

블로그에는 '스토리 룸Story Room'이라는 태그가 달린 일련의 포스트들이 있다. 고객은 이 포스트에서 인터뷰를 하거나 작성한 포스트를 직접 제출하는 방법으로 본인의 스토리를 전한다.

이와 비슷한 일을 할 수 있을까?

블로그의 일부를 고객 의견을 위한 공간으로 할애하거나 웹사이트에서 고객이 경험을 공유할 수 있도록 고객 전용 영역을 마련하면 된다. 온라인 커뮤니타나 소셜미디어 페이지처럼 간단한 방법을 쓸 수도 있다. 고객이 자신의 경험을 다른 사람들과 공유하게끔 만들어라.

성공적인 전환을 위한 가치 키우기 전략

가치를 수치로 환산하라

가장 빠르게 가치를 입증하는 방법은 그것을 수학적으로 표시하는 것이다. 서브스크립션의 유형적이거나 무형적인 혜택을 수치로 표현하라.

슈퍼마켓은 이 테크닉을 정기적으로 이용한다. 동네 세이프웨이 Safeway *미국의 슈퍼마켓 체인점-옮긴이에서 고객 카드로 계산할 때 계산원은 영수증을 건네면서 내 이름을 부르며 절약된 액수를 알려준다. 그 거래에는 로열티 프로그램 기타 인센티브를 반복 구매한 고객에게 전달하는 방법으로 고객을 유지하고자 특별하게 설계한 프로그램-옮긴이에 서브스크립션 하는 금전적인 가치를 즉시 개별적으로 평가하는 과정이 포함된다. 그리고 나고객는 이 로열티 프로그램에 대한 대가를 돈이 아니라 데이터로 지불한다.

우리는 데이터가 주도하는 세상에 살고 있다. 당신의 회사 또한 이미 온갖 종류의 데이터를 수집하고 있을 것이다. 이 데이터를 이용해 고객의 가치 경험을 키울 수 있을지 살펴보라.

고객의 사용 데이터로 가치를 입증하라

활동 모니터는 얼마나 많이 걸었는지 알려주고 수면 모니터는 얼마나 깊이 오랫동안 잠을 잤는지 추적하며 공익 기업은 우리의 가스, 전기, 혹은 수도 사용 내역이 이웃과 어떻게 다른지 보고해준다. 이때 우리는 대부분 사용 데이터라는 개념을 상당히 편안하게 받아들인다.

아마 여러분은 고객이 인식하는 가치를 강화할 만한 사용 데이터를 수집하고 있을 것이다. 절약한 시간, 준비한 건강에 좋은 식사, 발표한 블로그 포스트 등 여러분의 회사에 적절한 것이면 무엇이든 상관없이 사용 내역을 곧 서브스크립션의 혜택을 측정하는 척도로 전환하라.

이미 데이터를 보고서로 제공하고 있다 하더라도 다음과 같은 사실을 고려해야 한다. 즉, 모든 사람이 보고서를 발표하거나 읽는 것은 아니란 사실이다. 이따금 보고서를 발표하거나 읽어보라.

솔루션이 전달하는 가치를 돈으로 환산할 수 없다면 창의력을 발휘해야 한다. 데이터를 다른 실례와 비교해서 제시하거나 재미있게 만드는 것이다.

'연말 종합' 이메일에서 새로운 관점으로 사용 데이터를 제시하는 회사가 많다. 예컨대 나는 차량 공유 서비스를 제공하는 리프트로부터 연말 보고서를 받았다. 보고서에는 내가 획득한 '배지'를 비롯해 차량 사용 횟수와 이동 거리, 그 밖의 통계 수치가 담겨 있었다. 배지는 게임화 전략이다. 나는 보고서를 보면서 내가 서비스를 사용했던 순간과 서비스가 전달해준 가치를 기분 좋게 떠올렸다.

모든 고객에게 전달한 가치를 종합하라

모든 고객의 개인 데이터를 구하기는 쉽지 않을 것이다. 어쩌면 개인 데이터를 전달하면 주제넘어 보일지도 모른다. 가치 키우기의 한 가지 기본 규칙은 이것이다. 소름 끼치게 굴지 마라. 고객이 스토킹을 당한다고 느끼게 하고 싶지는 않을 것이다.

대형쇼핑 체인인 타깃Target의 사례를 기억하는가? 타깃은 구매 패턴을 이용해 어떤 고객이 임신했는지를 추측했고, 쇼핑객에게 아기와 관련된 쿠폰을 보냈다. 부모에게 임신 사실을 밝히지 않은 십 대 소녀에게 이 방법은 효과적이지 않았다. 데이터 마이닝특수 소프트웨어로 데이터베이스를 검색하는 것─옮긴이 알고리듬이 지나치게 훌륭하면 오히려 고객이 소름 끼쳐하며 떠날 수 있다. 특히 건강과 관련된 것이면 더욱 그렇다.

이런 경우, 개인 정보를 공유하기보다는 모든 고객의 데이터를 종합하는 편이 더 안전할 것이다. 종합 데이터를 이용할 때는 개별 고객의 데이터나 사용 내역을 누설할 수 있는 모든 지표를 조심스럽게 제거하라.

디지털 신원 확인 회사인 스레트매트릭스threatmetrix는 금융 고객과 기업 고객이 악의적인 이용자로부터 자사의 온라인 사이트와 고객을 보호하도록 돕는다. 이 회사는 자사의 세계적 네트워크에서 감지하고 차단한 위협을 실시간 시각 자료로 발표한다. 세계 지도에 나타난 빨간색 점은 스레트매트릭스 기술이 고객의 신분을 노출하지 않고 저지한 계정 인수, 결제 사기, 신원 확인 스푸핑 공격승인받은 사용자인 것처럼 시스템에 접근하거나 네트워크상에서 허가된 주소로 가장하여 접근 제어를 우회하는 공격 행위─옮긴이의 사례와 심각 정도를 의미한다.

스레트매트릭스는 이러한 정보를 공유함으로써 가망고객은 물론이고 기존 고객에게 가치를 전달한다. 이 회사는 또한 사분기 사이버 범죄 분석 보고서를 업계와 공유한다.

개인의 사용 내역이나 종합 데이터 등 기업에서 제공하는 모든 것은 구독자에게 고객으로 남을 만한 이유를 일깨우고, 솔루션을 더 다양하게 이용하도록 권장할 것이다.

고객 성공을 축하하라

내가 난생 처음 스타트업에 합류했을 때, 그 회사에는 손으로 꼽을 만큼 직원이 적었다. 이 스타트업의 판매 담당 부사장은 책상에 작은 종을 놓아두었다. 거래를 체결할 때마다 그는 종을 울렸고 그래서 소리가 미치는 거리 안에 있는 사람이면 누구나 그 사실을 알았다. 초창기에는 사무실이 매우 협소했으니 모든 직원이 소리가 미치는 거리 안에 있었다. 회사가 성장할 때에도 종을 울리는 이 축하 의식은 계속되어 직원들이 소박한 축하 행사를 열고 축하의 말을 나누었다.

축하 행사는 중도에 포기하지 않도록 막는다.

회사가 성장할 때 매출과 성과 이외에 기뻐할 만한 이유를 찾아라. 장기적인 성장에 원동력을 제공하는 것은 고객이 거두는 성공이다.

고객이 솔루션으로 더 많은 것을 성취할수록 회사가 더욱 발전한다. 고객과 함께 축하하는 시간을 가질 때 파트너십을 인정하고 강화할 수 있다.

고객이 솔루션을 이용해 성공을 경험할 때, 그 영광을 독차지하지 말고 성공에 갈채를 보내라.

축하를 고객 경험에 포함시켜라

축하를 솔루션에 포함시킬 수 있는 경우가 있다.

이메일 마케팅 서비스 메일침프MailChimp는 이메일 캠페인을 제작하고 발송하는 과정을 빠르고 쉽게 만든다. 처음으로 이메일 캠페인을 시작하는 고객의 경우, 보내기 버튼을 누르려면 긴장되기 마련이다. 메일침프는 버튼 위에서 초조하게 망설이는 거대 침팬지를 보여주는 방법으로 그 압박감을 떨쳐버리게끔 돕는다. 그리고 고객이 마침내 캠페인를 발송하는 순간 침팬지는 그에게 하이파이브를 보낸다.

재미있고 매력적인 방법이다. 뿐만 아니라 고객이 메일을 보냄으로써 이메일 마케팅 솔루션을 이용하는 한 가지 목표를 성취했다는 인정이기도 하다. 메일침프가 고객과 함께 축하하는 것이다.

지속적인 사용자들을 존중하라

무언가를 판매하거나 가격을 인상할 때만 고객에게 연락하는 회사가 되어서는 안 된다.

축하는 충성스러운 고객이나 단골 고객에게 연락할 만한 좋은 이유를 제공한다. 다시 말해 문제를 호소하지 않는 충성스러운 고객이나, 단골 고객이 아니라서 무시당할 수 있는 사람들에게 말이다. 고객 사용 데이터에서 소소한 승리를 찾아라.

핏빗은 하루에 걸은 최대 걸음 수나 평생 걸은 거리처럼 어떤 획기적인 성취를 축하하기 위해 배지를 보낸다. 어느 날 문득 이메일로 당신이 이탈리아나 인도를 횡단하는 거리를 걸었다고 알리는 식이다. 이렇게 하여 당신의 업적을 상기시키는 것이다. 핏빗은 영광을 독차지 않고 고객과 함께 축하한다.

개인 이메일

여러 독립 작가와 마찬가지로 나는 크리에이티브 스페이스 CreativeSpace의 온디맨드 프린트 서비스를 포함해 책을 출판하는 과정에서 다양한 아마존 서비스를 이용한다.

이따금씩 오는 회보를 제외하면 크리에이티브 스페이스에서 오는

성공적인 전환을 위한 가치 키우기 전략

이메일은 대부분 업무와 관련된 것으로, 초안이나 배송 상태를 알려준다. 그래서 내 책 《작가의 과정The Writer's Process》이 2016년 최고의 자비 출판 도서 목록에 포함된 것을 축하하는 메시지를 보았을 때 나는 깜짝 놀랐다. 크리에이티브 스페이스 팀의 누군가가 시간을 내어 계속 성공을 거두기를 바란다는 소망을 전한 것이었다.

나는 그 이메일에서 내가 그저 한 명의 익명 고객이 아니라는 느낌을 받았다. 이 단순한 축하의 행동은 가치 키우기를 실천하는 효과적인 사례였다.

콘텐츠를 통해 가치를 창출하라

창의적인 마케터는 매력적인 콘텐츠를 통해 단순한 솔루션을 넘어서는 가치를 부가한다. 마케터는 콘텐츠를 창조하는 일에 능숙하다. 그것이 마케터의 임무이니 말이다. 고객이 유용하다고 생각하는 콘텐츠를 이용해 서브스크립션 상품을 보완하라. 콘텐츠는 블로그, 논문, 전자책, 소셜미디어 포스트, 책, 잡지, 그래픽, 동영상, 팟캐스트 등 다양한 매체의 형태를 띨 수 있다.

데이비드 머맨 스콧은 《판매와 서비스의 새로운 규칙》에서 다음과 같이 말한다.

"누군가 고객으로 가입할 때 전달되는 정보는 고객을 만족시켜 기존 서비스를 갱신하고 지속적으로 더 많은 것을 구매하게 만드는 데 효과적이다. 만족한 고객은 소셜 네트워크에 회사에 대해 좋은 의견을 남긴다."

판매하기 전에 이용하는 콘텐츠 마케팅 전략을 고객이 가입한 후까지 확대하라. 콘텐츠를 통해 가치를 지속적으로 전달하라. 그러면 고객이 계속 참여할 것이다.

이때 콘텐츠는 그 자체로 가치가 있어야 한다. 콘텐츠가 제품을 홍보하고 자화자찬해서는 안 된다. 이와 관련해 영감을 얻고 싶다면 제이 베어Jay Baer의 책 《유틸리티 : 왜 스마트 마케팅의 핵심이 과대광고가 아니라 지원인가Youtility: Why Smart Marketing is About Help, Not Hype》를 참고하길 바란다. 베어는 이 책에서 전반적인 접근 방식을 다음과 같이 요약해서 표현한다.

"무언가를 판매하면 오늘 고객을 얻는다. 누군가를 도우면 평생 고객을 얻는다."

온라인 및 오프라인 출판

콘텐츠를 이용해 가치를 창조하는 것은 잡지인쇄물를 출판하는 기업에서 실행하는, 역사가 긴 마케팅 전략이다. AAA는 보험과 긴급출동 서비스 등의 보완 상품으로 여행 잡지 《비아Via》를 출판한다. 찰스 슈왑Charles Schwab은 자사 고객에게 투자 잡지를 보낸다. 어쩌다가 한 번씩 고객과 상호작용하는 기업이라면 콘텐츠 서브스크립션으로 충성도를 높이고 가치를 강화할 수 있다.

인쇄 출판물의 품질은 성장 엔진이 되어 커뮤니티 참여와 지원을 권장한다. 계간지 〈최초 & 최고속First and Fastest〉은 인디애나·일리노이·위스콘신Indiana·Illinois·Wisconsin 3개 주에 본사를 둔 철도 완충기 그룹인 쇼어 라인 인터어번 히스토리컬 소사이어티Shore Line Interurban Historical Society의 간행물이다. 중서부 출신이 아닌, 이 소사이어트의 철도 팬들은 콘텐츠와 인쇄물의 품질을 높이 평가한다. 이 잡지에는 출판물을 지원하는 기본 구독료보다 더 많은 돈을 지불하는 '지지 구독자들'의 긴 목록이 실려 있다. 콘텐츠 제작 전문가이자 〈최초 & 최고속〉 구독자인 로저 C. 파커에 따르면 "표적 시장에 지속적으로 탁월한 품질을 전달하면 지원 세력이 등장한다."

인쇄하여 출판되는 잡지는 수많은 구독자에게 특화된 서비스를 제공한다. 반면 더욱 활발하게 콘텐츠를 배포하고 싶다면 온라인을 이용할 수 있다. 지면, 그래픽, 음성, 영상 콘텐츠를 결합한 온라인 허브를 창조함으로써 온갖 취향을 섭렵하는 매체를 제공하는 브랜드가 많다. 제품 정보 이상의 것을 원하는 고객들이 이런 사이트를 즐겨 찾는다.

버치박스^{Birchbox}는 구독자들에게 개인화된 건강 및 미용 제품 샘플 박스를 매달 제공한다. 뿐만 아니라 자사를 차별화하고 가치를 부가하고자 건강과 미용과 관련된 콘텐츠가 가득한 온라인 잡지를 발행한다. 이 사이트에서는 고객이 서브스크립션 박스의 가치를 최대한 활용하도록 돕는 기사와 교육용 동영상이 제공된다. 콘텐츠 내용은 박스에 담긴 것만 다루지 않는다. 예를 들면, 시프트 드레스^{웨이스트 라인에 이음선이 없는 직선적인 매우 심플한 드레스—옮긴이}에 주름이 퍼지지 않게 막는 방법에 관한 글과 함께 작가와의 인터뷰가 실려 있다.

또 다른 사례로 어도비를 생각해보라. 앞서 이 회사가 서브스크립션 모델에 집중한다는 사실을 살펴보았다. 어도비는 최고 마케팅 책임자와 마케팅 전문가들을 위해 온라인 사이트 CMO닷컴^{CMO.com}을 운영한다.

이 사이트의 편집자는 마케팅에 유용한 글과 뉴스, 팟캐스트를 편집해 트렌드와 예측에 관한 독창적인 콘텐츠를 개발한다. CMO닷컴은 어도비 마케팅 클라우드를 홍보하는 대신 가망고객은 물론이고 기존 고객에게 가치 있는 콘텐츠를 전달한다. 이 콘텐츠 허브^{중앙의 운영 사이트를 중심으로 여러 개의 콘텐츠 제공 사이트들이 원을 이루며 연합하고 있는 사이트 연합체—옮긴이}는 브랜드 인지와 가치 키우기를 포함해 다양한 마케팅의 목적을 성취하고 있다.

플랫폼의 미래, 서브 스크립션

팟캐스트를 이해하라

최근 몇 년 동안 팟캐스트의 인기가 높아졌다. 글을 많이 쓰지 않고 정기적으로 콘텐츠를 창출할 방법을 찾는다면 팟캐스트가 한 가지 해답이다. 게다가 팟캐스트에는 서브스크립션 모델이 포함되어 있으니 더욱 좋다.

에디슨 리서치Edison Research에 따르면 팟캐스트를 청취하는 미국인의 수가 꾸준히 늘어나 2015년부터 2016년까지 23퍼센트 증가했다. 주변을 돌아보라. 출퇴근길에 마주치는 사람이나 헬스클럽에서 헤드폰을 끼고 있는 사람들이 팟캐스트를 듣고 있을지 모를 일이다.

팟캐스트는 기존 고객과 가망고객 모두에게 서비스를 제공할 수 있다. 에디슨 리서치와 대화형 광고 센터Interactive Advertising Bureau에서 팟캐스트 청취자 1,000명을 대상으로 실시한 조사결과를 보자. 팟캐스트 팬들 가운데 방송에서 언급된 제품이나 서비스를 구매할지 여부를 고려하는 사람이 거의 3분의 2에 이르는 것으로 나타났다.

가치 키우기 전략으로 효과를 거두려면 모든 팟캐스트가 유용하거나 교육적이거나 재미있는 정보를 제공함으로써 콘텐츠 마케팅 규칙을 준수해야 한다. 고객이 흥미롭게 여기는 사람들을 인터뷰해 팟캐스트 시리즈를 제작하는 방안을 고려하라. 고객의 프로필을 작성하라. 내부 전문가를 초빙해 고객에게 영향을 미치는 트렌드에 대해 이

127

야기하고 고객사의 성과를 향상시킬 조언을 공유하라.

소비자 브랜드, 미디어 기업, 오라클^{Oracle}과 IBM 같은 기업 브랜드가 이미 팟캐스트를 이용하고 있으며 그 수는 거의 매일 증가하는 추세이다. 하루에 제공되는 콘텐츠의 양이 상당히 많기 때문에 청중의 주의를 끌어야 한다. 하지만 청취하기를 좋아하는 고객에게 팟캐스트는 개인적인 관계를 맺는 한편, 이미 다른 포맷으로 공유하고 있는 콘텐츠의 용도를 변경할 수 있는 훌륭한 방법이다. 최고의 팟캐스트는 사람과 대화를 나누는 것 같은 느낌을 주기 때문에 청취자들은 해당 브랜드와 더 가까워지고 관계가 더욱 돈독해진다. 뿐만 아니라 팟캐스트는 한 번 녹음하면 '시들지 않으며' 콘텐츠를 통해 사람들과 지속적으로 접촉할 수 있다.

데이터를 가치 있는 콘텐츠로 바꾸어라

많은 온라인 기업이 다량의 운용 데이터를 수집한다. 이 데이터가 여러분의 고객에게 가치를 제공할 수 있다.

이를테면 넷플릭스^{Netflix}는 내 고향에서 인기가 많은 영화 목록을 보여준다. 넷플릭스가 이 귀중한 데이터를 나와 공유하는 데는 비용이 많이 들지 않는다. 이 서비스에서 내가 어떤 영화나 텔레비전 프로그램을 발견한다면 이러한 약간의 통찰력 덕분에 넷플릭스를 구독하는 가치가 높아질 것이다.

차량 공유 서비스 리프트는 지역 레스토랑, 바, 행사 개최지 목록은 물론이고 방문객이 가장 많은 전 세계 레스토랑, 호텔, 정류장, 관광 명소를 후보자로 삼아 '리프티 어워즈The Lyftie Awards'를 발표한다. 이는 사업상 이미 수집한 데이터를 토대로 가치 있는 통찰력을 제공하는 기발한 방법이다.

이와 마찬가지로 차량 공유 서비스 우버는 일상적인 영업의 일환으로 교통 패턴에 대한 데이터를 수집한다. 이 회사는 대중을 위해 이 데이터를 분석하고 공유한다. 우버 무브먼트Uber Movement를 통해 겹치는 정보를 제거한 다음 데이터를 종합해서 도시 계획자와 자치 단체, 대중에게 공개하여 서비스를 제공하는 지역 사회에 가치를 전달한다. 새로운 사업 모델을 개척하다 보니 법적 논란에 간간히 휘말리는 이 기업에게 지역 사회에 가치를 환원하는 것은 기발한 아이디어이다.

재미있는 콘텐츠를 창조하라

많은 기업이 세계적으로 주목받고 고객을 유치하기 위한 방법으로 유머를 자주 이용한다. "남자의 냄새를 풍겨라, 남자여"라고 말하던 올드 스파이스^{Old Spice} '미국의 개인 용품 브랜드—옮긴이의 영상을 기억하는가? 오래된 이 브랜드는 익살스러운 영상 덕분에 완전히 새로운 인구 통계 집단에 노출되었다. 슈퍼볼^{Super Bowl} '미국 프로 미식축구 NFC 우승팀과 AFC 우승팀이 겨루는 챔피언 결정전—옮긴이 기간에는 경기 전후의 재미있는 광고가 경기보다 더 큰 관심을 끄는 경우가 흔하다.

유머와 재미는 판매가 끝난 다음에도 중대한 역할을 담당하며 고객과 구독자의 지속적인 참여를 유도한다. —그냥 재미있어서 거래하는 브랜드가 있다. 나는 그런 브랜드의 이메일을 열고 그들의 웹사이트를 방문한다. 그 경험이 즐거울 것이라는 사실을 알기 때문이다.

달러 쉐이브 클럽^{Dollar Shave Club}은 서브스크립션 개인 용품 사업을 시작하면서 웃음을 자아내는 동영상을 발표했다. 이 동영상은 급속도로 확산되었다.

"우리의 면도날은 빌어먹게 훌륭하다."

그 스타트업은 동영상 덕분에 엄청나게 주목을 받았다. 구독자가 가입하면 월간 〈욕실의 순간^{Bathroom Minutes}〉 회보로 아슬아슬하게 선을 넘지 않는 유머를 계속 전달한다. 서브스크립션 박스와 함께 제공되는 이 회보에는 "어떤 신체 부분을 다시 키울 수 있는가?"를 비롯해 이 책에서는 언급하지 않을 흥미로운 기사들이 가득하다.

플랫폼의 미래, 서브 스크립션

재미를 제공하면 주목을 받는 수준을 넘어 고객과 장기적인 관계를 유지할 수 있다.

익살스러운 콘텐츠는 소비재에만 국한되지 않는다. 어도비는 '당신의 마케팅이 무슨 일을 하고 있는지 아는가?Do you know what your marketing is doing?'라는 캠페인의 일환으로 재미있는 동영상을 제작했다. 이 동영상에서는 마케팅 오류로 말미암아 로켓 발사가 연기된다. 자사의 브랜드 이미지와 어울린다면 유머로 여러 시장에서 효과를 거둘 수 있다.

유머를 실행하기란 말만큼 쉽지 않다. 어떤 광고가 급속도로 확산될 것이라고 미리 예측하고 계획을 세우는 법은 없다. 그러나 고객과 상호작용할 때 유머나 가벼운 분위기를 위한 여지를 남기는 것은 가능하다. 예를 들면 사우스웨스트 항공Southwest Airlines 비행기의 승무원들은 유머러스하게 비행기 안전수칙을 전달한다. 사람들을 소리 내어 웃게 만들 수 없다면 미소라도 짓게 만들기 위해 노력하라.

영감을 얻고 싶다면 캐시 클로츠 게스트의 《더 이상 나를 따분하게 만들지 마라 : 즉흥의 힘을 통해 강렬한 마케팅 콘텐츠와 제품, 아이디어를 창조하는 방법Stop Boring Me! How to Create Kick-Ass Marketing Content, Products and Ideas Through the Power of Improv》을 참고하라. 이 책에서는 즉흥 코미디의 원칙을 마케팅에 적용한다.

성공적인 전환을 위한 가치 키우기 전략

커뮤니티로 구독자들을 연결하라

관계를 맺는 기업은 고객의 삶에 가치를 부가한다. 경쟁업체가 어느 기업의 솔루션을 모방할 수는 있더라도, 그 기업의 커뮤니티까지 복제하기란 어렵다.

기업은 지금 자사 솔루션을 중심으로 형성된 커뮤니티의 힘을 이용하고 있다. 소셜 네트워크의 댓글 달기, 공유, 메시지 전달을 통합해 제품의 사회적 가치를 높이는 소프트웨어 기반 서브스크립션이 많다. 하지만 모든 유형의 서브스크립션이 이 방법을 선택할 수 있는 것은 아니다.

제품에 사회적 특성을 쉽게 통합할 수 없는 경우라면, 마케팅 부서 차원에서 솔루션과는 무관한 커뮤니티를 창조할 수 있다.

기존 메신저 서비스를 이용한 커뮤니티 구축

페이스북이나 링크드인LinkedIn 같은 소셜미디어 사이트에 고객 커뮤니티를 만들어 관리하는 기업이 많다. 여러분의 구독자가 이런 사이트에서 시간을 보낸다면 부디 그곳에서 관계를 도모하라.

하지만 페이스북과 링크드인의 커뮤니티는 플랫폼의 규칙이 변하면 영향을 받는다. 뿐만 아니라 온갖 일이 일어나다 보니 기업의 존재가 그러한 소음에 묻힐 수 있다. 구독자의 뉴스피드에서 한 자리를 얻어내는 일은 그리 녹록지 않을 것이다.

표적을 더 정확하게 조정한 소셜미디어 플랫폼에서 자리 잡으면 더 큰 주목을 이끌어내며 활발한 참여를 유도할 수 있다. 목표 주도적인 글쓰기 도구인 라이트 마진The Right Margin은 라이터행아웃WriterHangout 라는 이름으로 작가 전문 슬랙기업용 메신저 서비스팀을 구성하고 발전시키는 방법으로 성공을 거두었다.

여러 테크놀로지 스타트업과 마찬가지로 라이트 마진은 슬랙을 이용해 내부적으로 협력하는 일부터 시작했다. 그런 다음 작가와 기존 고객, 그리고 다른 사람들을 대상으로 슬랙에 글쓰기와 관련된 팀을 구성한다는 아이디어를 제시했다. 라이터행아웃팀은 곧 활발한 참여 커뮤니티로 성장했다.

라이트 마진팀은 라이트행아웃에 불간섭주의 접근 방식을 유지하며 대화를 떠맡거나 주도하지 않으면서 참여하고 격려한다. 라이트 마진 서비스에 가입한 고객은 환영 이메일과 함께 슬랙팀에 가담하라는 권유를 받는다.

슬랙 커뮤니티는 그 신생 기업이 설립 초기에 여러 작가와 접촉하게끔 도왔다. 라이터행아웃의 한 스레드하나의 주제에 대해 회원들이 게시판에 올린 일련의 의견—옮긴이, 슬랙의 전문용어로는 채널는 라이트 마진 서비스 전용이다. 이 채널은 일종의 헬프 데스크컴퓨터나 네트워크에 익숙하지 않은 사용자들의 문의에 응답하는 중앙 사이트—옮긴이와 제품 개발팀을 위한 여론 수렴 기구의 역할을 수행한다. 이 회사는 기능에 대한 아이디어를 시험하고 사용자 인터페이스의 잠재적인 변화에 대한 의견을 구하며 온라인 커뮤니티에서 형성된 개인적인 관계를 통해 사람들이 원하는 것과 필요로 하는 것을 더욱 정확하게 이해한다.

하지만 이 슬랙 커뮤니티의 핵심은 판매나 가망고객을 확보하는 일이 아니다. 다른 라이터행아웃 채널에서는 작가와 관련된 일들, 즉 제출, 거절, 콘테스트, 단편소설, 도서 마케팅 등과 같은 주제를 다룬다. 참여자들은 개인적으로 관계를 맺고 플랫폼 안에서 사적인 다이렉트 메시지를 주고받는다. 커뮤니티는 사람들이 서로 관계 맺고 지지하는 장소가 되는데 이것이 애초에 라이트 마진의 목적이었다.

이 회사의 마케팅 담당 부사장 윌 설리반Will Sullivan은 다음과 같이 말했다.

"우리가 글쓰기 커뮤니티에 가치를 부가하고 있다는 사실을 알게 되어 매우 기쁩니다. 작가들을 지원하는 것은 우리의 브랜드 약속에 반드시 필요한 것입니다. 제품과 무관하게, 그렇게 할 수 있다면 우리는 성공을 거두고 있는 셈입니다."

브랜드의 소셜미디어 커뮤니티는 기업이 그것을 악용하지 않고 단지 참여하고 육성하기 위해 노력하기만 해도 효과적으로 작동한다. 그러려면 유용한 커뮤니티를 제공하고 모든 서비스 관련 문제에 대응하며 질문에 신속하게 답변해야 한다.

자사 매체에 기반한 온라인 커뮤니티 구축

일부 기업은 페이스북이나 링크드인 등이 소유한 사이트와는 대조적으로 자사 사이트의 커뮤니티, 이른바 '자사 매체owned media'를 창조함으로써 한 걸음 더 나아가고 있다.

아메리칸 익스프레스American Express는 언제나 자사 고객을 회원이라고 표현함으로써 커뮤니티와 참여라는 의미를 전달한다. 소기업 고객과의 거래와 관련해서는 오픈 포럼OPEN Forum이라고 알려진 자사의 온라인 커뮤니티를 운영하면서 각별히 노력한다.

성공적인 전환을 위한 가치 키우기 전략

오픈 포럼은 아메리칸 익스프레스 회원에게 질문하고 다른 소기업과 정보를 공유할 장소를 제공한다. 편집자들은 테크놀로지, 리더십, 마케팅, 금융에 관한 글을 선별해서 게시한다. 아메리칸 익스프레스는 오픈 포럼을 '조언을 교환하기 위한 포럼'이라고 표현한다. 이 커뮤니티는 아메리칸 익스프레스 카드 멤버십에 고유의 가치를 부여해주고 있다.

오프라인 모임을 적극적으로 활용하라

오프라인 행사에서 맺은 관계는 온라인에서 맺은 관계보다 대개 더 돈독하다. 세일즈포스는 온라인 커뮤니티에 매우 헌신적인 한편, 테크놀로지 산업 분야의 대규모 행사인 드림포스 Dreamforce 콘퍼런스를 주최하여 오프라인에서도 관계 구축을 도모한다. 세일즈포스 블로그에 따르면 2016년 콘퍼런스에 참석한 사람은 17만 명이 넘었으며 추가로 1,500만 명이 동영상을 스트리밍 했다. 세일즈포스는 최선을 다해 콘퍼런스를 준비한다. 지금껏 참석한 사람들로는 유명 뮤지션 브루노 마스, U2, 정치가 힐러리 로드햄 클린턴, 그리고 동기부여 연사 토니 로빈스 등이 있다.

완벽한 클라우드 기반이라는 사실에 자부심을 느끼는 기업이 왜 물리적인 콘퍼런스에 주력할까? 세일즈포스는 오프라인 회의를 통해 고객이나 파트너와 관계를 맺고 이를 강화한다. 참석자들은 소속감과 공동체 의식을 느낀다.

만일 실질적인 성과를 거두지 못했다면 세일즈포스가 매년 행사를 주최하는 데 계속 투자했을지 의문이다. 혹시 콘퍼런스라는 말이 너무 고리타분하게 들린다면 레드불Red Bull을 모방하는 방안을 고려해보라.

반복 구매와 브랜드 차별화로 성공 혹은 실패하는 창의적인 소비재 기업들이 존재한다. 서브스크립션 기업들은 바로 이런 사례들에서 교훈을 얻을 수 있다. 일례로, 음료 회사인 레드불은 자사 제품을 구입해서 마시겠다고 반복적으로 결정하는 사람들을 필요로 한다. 모든 추가 구매는 일종의 서브스크립션 갱신이다. 이 회사에는 또한 서브스크립션 잡지 〈레드 불레틴Red Bulletin〉도 있으니 실제로 레드불을 서브스크립션할 수 있는 셈이다.

에너지 음료 사업의 시장 점유율을 놓고 경쟁하는 주요 브랜드가 많다. 레드불은 온라인과 운동 경기에서 팬들을 커뮤니티와 연결함으로써 충성스러운 팬을 확보한다. 레드불 웹사이트의 '행사' 섹션을 방문해보라. 전 세계 여러 곳에서 주말마다 열리는 행사가 소개되어 있다. 예를 들면 다음과 같다.

성공적인 전환을 위한 가치 키우기 전략

- 스키와 스노보드 '오픈 잼open jam' 대회

- 오프로드 레이싱 모터사이클이나 특별히 준비된 지프나 모래밭 주행용 소형차 등이 수백 마일의 험한

  지형에서 펼치는 레이스—옮긴이과 도로 경주

- 얼음 횡단 활강 경주 무모한 행사처럼 보인다.

- 아트페어 몇몇 화랑이 모여 미술 작품을 판매하는 행사—옮긴이

- 음악제

레드불은 이런 행사들을 후원하며 이 가운데 많은 행사에 레드불 브랜드를 붙인다. 참가자와 참관인은 그저 참석만 해도 레드불 커뮤니티의 일원이 된다. 고객은 익스트림 스포츠 스피드와 스릴을 만끽하며 여러 가지 묘기를 펼치는 신종 모험 레포츠—옮긴이에 대한 애정을 공유하는 다른 사람과 만나 상호작용한다. 이런 활동이 어떤 방식으로 가치를 부가하고 있을지 생각해보기 바란다.

팬과 옹호자들을 육성하라

충성스러운 옹호자들은 당신의 회사를 다른 사람에게 소개함으로써 리드를 창출한다. 이들은 언론과 분석가에게 의견을 전하고 고객 리뷰에 참여함으로써 서브스크립션에 있어 소중한 요소인 '신뢰'를 강화한다.

옹호 마케팅은 팬과 옹호자를 육성하고 발전시키는 관행이다. 제대로 실행한다면 가치 키우기의 최고 사례가 될 것이다. 반대로 형편없이 실행한다면 역효과가 일어날 것이다.

기업이 얻을 수 있는 잠재 가치를 고려한다면 옹호자를 구하거나 고객을 소개받을 때 신중해야 한다. 성급하게 소개를 많이 받으려 하다가는 오히려 바람직한 잠재 팬과 옹호자의 반감을 살 수 있다.

우리의 지상과제는 구독자를 팬으로, 팬을 옹호자로 바꾸는 한편 이미 얻은 신뢰를 유지하고 팬과 옹호자에게 진정한 가치를 전달하는 일이다. 마케팅 부서와 고객 성공 부서는 협력해서 다음과 같은 목적으로 캠페인과 프로그램을 개발해야 한다.

- 충성스러운 고객을 비롯해 주도적으로 댓글을 달거나 사람들에게 조언하는 등의 잠재적인 옹호자를 인식한다.
- 인정, 전면적인 접근 권한, 특별 프로그램, 혹은 간단한 감사의 말로 옹호해 준 데 보상한다.
- 옹호자들이 효과적으로 활동할 수 있는 지원을 제공한다.

팬과 슈퍼 유저, 잠재적인 옹호자를 찾아라

전도사, 슈퍼 유저, 옹호자, 영웅 등 어떤 이름을 붙여도 상관없다. 다만 우리는 이런 사람들이 많아지기를 바랄 뿐이다. 이들은 단순히 솔루션을 이용하는 수준에 그치지 않는 충성스러운 구독자로, 다른 사람들에게 입소문을 낸다.

슈퍼 유저나 옹호자는 행동 방침을 성실히 준수하는 구독자이다. B2B 환경에서 슈퍼 유저는 다른 사람들의 질문에 답변하며 솔루선이 적용되는 방식을 실제로 보여주면서 규모가 더 큰 계정의 채택 속도를 높일 수 있다. 이를테면 소비 시장에서 친구들에게 이야기를 전하거나 다른 사람들에게 영향을 미치는 고객은 옹호자이다.

고객 기반에서 행동 방침을 성실히 준수하는 사람들을 찾는 것이 관건이다. 소개를 곧잘 하는 충성스러운 팬임을 암시하는 행동을 찾아내라. 다음과 같은 사람은 충성스러운 팬일 가능성이 높다.

- 서비스를 활발하게 혹은 세심하게 사용하는 구독자
- 소셜미디어 플랫폼에서 장점을 공유하는 고객
- 새로운 기능의 후기나 제안 사항을 제공하는 사람들
- B2B 환경에서 다른 여러 사용자에게 영향을 미치는 개인

행동을 통해 충성스러운 팬과 옹호자를 확인하고 주도적으로 접촉하기 위해 노력하라.

예를 들면 충성스러운 고객은 후기를 자주 남기며, 후기를 남기면 충성도가 커진다. 아마존은 흔히 고객에게 자사에서 구매한 제품에 후기를 달아달라고 부탁한다. 고객이 후기를 제공하면 아마존은 다른 고객을 도운 데 대해 감사하며, 또 다른 쇼핑객이 이를 유익한 후기라고 표시하면 그 사실을 고객에게 알려준다. 이는 후기를 제공하

는 사람들의 행동을 강화하는 한 가지 방법이다.

소개할 때마다 보너스 포인트를 제공하는 프로그램을 만들면 충성스러운 팬이 등장할 수 있다.

아다지오 티Adagio Teas는 두 가지 접근 방식을 이용해 고객에게 옹호 기회를 제공하고 옹호자에게 보상한다. 나는 이 회사 제품의 팬이라 반복해서 주문하는데, 주문 페이지에는 소셜미디어 소개 링크가 포함되어 있다. 링크를 공유하는 고객은 로열티 포인트를 받는다.

한 번은 크리스마스 다음날 차를 주문했다. 휴일이라 차 품귀 현상이 일어났다! 그런데 놀랍게도 다음날 차가 도착했다. 빠른 서비스에 무척 기분이 좋았던 나는 트윗을 남겼다. 아디지오 티는 내게 트위터 상으로 고마움을 전하고 내 계정에 로열티 포인트를 선사했다.

이 과정의 원리에 주목하라. 이 회사는 트위터를 모니터링해서 내가 남긴 후기를 발견했다. 로열티 포인트는 감사의 표현이다. 물론 내가 돈이나 포인트 때문에 트윗을 한 것은 아니지만 회사에서는 행동한 내게 보상을 제공했다.

이것이 내 요지이지만, 옹호 프로그램이 실패할 수 있는 지점이기도 하다.

옹호는 돈으로 사는 것이 아니라 노력해서 얻어야 한다.

옹호에 대한 보상을 하는 데도 원칙이 있다

최근 나는 들어본 적도 없는 어떤 회사에서 보낸 이메일을 받았다. 내가 광고 같은 티를 전혀 내지 않고 이메일 목록에서 자기 회사를 미묘하게 언급하였으니, 이에 대해 보상하겠다는 내용이었다.

나는 거절했다.

그들이 찾는 것은 노력해서 얻는 옹호가 아니라 돈으로 사는 옹호였다. 그들은 내 신뢰를 얻은 회사가 아니었다. 그 회사로부터 돈을 지불하려 했다는 사실을 당신의 구독자들에게 언급하지 말라는 요청을 받자, 그들에 대한 내 신뢰는 더욱 떨어졌다.

돈으로 사는 옹호는 온갖 문제를 일으킨다. 미국의 연방거래위원회 Federal Trade Commission는 블로거와 소셜미디어 등에서 제품이나 서비스를 홍보하거나 보증 선전하는 사람들을 대상으로 하는 공개 지침을 발표했다. 지침에 따르면, 어떤 제품을 추천하는 대가로 돈을 받았다면 사실대로 밝혀야 한다.

소개나 옹호에 대한 대가로 돈을 제시하는 것이 '위험한 비탈길'인 이유는 이뿐만이 아니다. 심리학적인 관점에서 볼 때도 항상 효과적이지는 않다.

행동 심리학에 따르면, 사람들에게 임무^{이를테면 소개}를 완수하는 대가를 돈을 지불할 경우 내재적이거나 내적인 동기가 외재적인 것으로

성공적인 전환을 위한 가치 키우기 전략

대체된다. 이로써 행동 동기는 감소한다. 댄 애리얼리Dan Ariely는 《상식 밖의 경제학Predictably Irrational》에서 연구원들이 MIT 학생들에게 퍼즐을 완성하는 대가로 다양한 액수의 수고비를 지급했던 한 연구를 소개했다. 애리얼리에 따르면 금전적인 보상이 증가하면 인지 능력이 필요한 임무의 성과가 감소했다.

어떤 서비스가 마음에 들어서 친구에게 소개한다면 친구와 그 기업 양측에 좋은 일을 한 것이다. 당신은 기분이 좋아질 것이다. 그것이 바로 당신이 받는 보상이다. 그런데 그 기업이 친구에게 소개하면 한 명 당 10달러를 지불하겠다고 제안해 왔다. 그러자 소개하는 행위가 저급하게 느껴진다.

지불은 행동에 금전 가치를 부여해 행동을 개인적인 것이 아니라 영리적인 거래로 바꿔놓는다. 이 방법은 몇 가지 부정적인 영향을 미칠 수 있다.

- 시간을 투자할 가치가 없는 행동처럼 느낄 수 있다. '10달러? 내가 선전하는 대가가 고작 그 정도야?'라고 생각할 수 있는 것이다.
- 돈 때문에 소개하면 다른 사람을 위한 행동이라는 만족감을 잃기 쉽다.
- 돈이 궁할 경우 아는 사람에게 전부 소개하게 되니 소개의 효과가 떨어질 것이다.

금전적인 이익뿐만 아니라 다른 사람들을 위한 긍정적인 행동이므로, 우리의 서비스 혹은 상품을 소개해달라고 권유해야 한다. 돈은 브랜드 옹호자나 소개를 고민하는 사람에게 동기를 부여할 만한 최고의 방법이 아니다.

하지만 걱정하지 마라. 다른 수단이 있다.

개인적인 고마움의 표현이 발휘하는 위력을 과소평가하지 마라. 만일 어떤 고객이 소셜미디어에 우호적인 말을 하거나 다른 사람에게 당신 회사를 소개한다면 손 편지, 후속 전화나 방문, 혹은 다른 조치로써 고마움을 전하라. 요즘은 손 편지가 매우 드물기 때문에 효과가 클 것이다.

소개한 다음에 예상치 못한 감사의 선물로 보내면 소개하기 전에 지불하겠다고 제안하는 것만큼 위험하지 않다. 기업이나 정부에 속하는 수신자라면 방침상 선물을 받을 수 없는 조직에서 근무하는 건 아닌지 반드시 확인하라.

돈보다는 경험으로 옹호자에게 보상할 수도 있을 것이다. 이를테면 옹호자에게 특별대우를 하거나 그들이 소중하게 여기거나 재미있다고 생각하는 행사에 참석할 기회를 제공할 수 있다.

옹호 활동의 규모를 확대하려면 구독자들 중에서 옹호자를 육성하고 지원하며 인정하는 프로그램을 개발하라.

성공적인 전환을 위한 가치 키우기 전략

옹호자들을 위한 프로그램의 사례

훌륭하게 기획된 프로그램은 모든 사람에게 유익하다. 우선 옹호자는 인정과 추가적인 지원, 그리고 다른 고객들을 돕는다는 만족감을 얻을 수 있다. 신규 고객들은 다양한 옹호자들로부터 궁금증에 대한 답을 얻을 수 있으며 지침을 제공받는 등의 혜택을 얻는다. 기업 입장에서는 고객 충성도가 높아지며, 고객 성공을 고취할 수 있다.

훗스위트Hootsuite는 소셜미디어 관리 대시보드웹의 한 화면에서 다양한 정보를 중앙 집중적으로 관리하고 찾게끔 만드는 사용자 인터페이스(UI)—옮긴이이다. 훗스위트 대사 Hootsuite Ambassador 프로그램에는 무료 훈련, 전면적인 접근 권한, 승격, 온라인 인정, 대사 배지로써 회원임을 밝힐 수 있는 권한이 포함된다. 회원 자격이라는 추가 혜택이 훗스위트 대사의 고객 경험에 가치를 부가한다.

세일즈포스는 자사의 가장 충성스러운 고객을 MVP라고 일컫는다. 세일즈포스 MVP는 소프트웨어 전문가로, 다른 고객의 질문에 답변하고 기꺼이 브랜드 옹호자로 나선다. 하지만 그래도 MVP 지위를 얻기에는 충분치 않다. 다른 고객이나 세일즈포스 직원이 당신을 MVP 후보자로 지명해야 하는데 이렇게 획득한 MVP 자격은 단 1년간 유효하다.

세일즈포스는 커뮤니티에서의 지위를 승격하고 행사의 연사로 초대하며 모든 네트워킹 행사와 제품 설명회에 참석할 자격과 연수, 인증서, MVP라고 찍힌 셔츠와 물건^{자랑거리}을 제공함으로써 MVP를 인정한다.

훗스위트와 세일즈포스가 모두 연수와 교육이라는 요소를 포함시켜 옹호자가 더욱 효과적으로 다른 고객을 돕게 만든다는 점에 주목하라.

고객에게서 조언과 정보를 구하라

신제품을 출시하는가? 마케팅 캠페인에 대한 정보를 원하는가? 제품 방향이든 마케팅 메시지 전달이든 상관없이 고객에게 조언을 구하라.

고객을 자문단으로 초청해 기능이나 서비스에 관한 의견을 구하는 기업이 많다. 그러면 고객의 통찰력으로부터 혜택을 얻는 것은 물론이고 돕는 일을 즐기는 사람들과의 관계를 강화할 수 있다.

고객이 창조하는 콘텐츠를 적극 이용하라

캠페인을 위한 콘텐츠를 모색한다면, 기존 고객들의 기고를 받는 방안을 고려하라.

뱁슨 대학Babson College은 수년 동안 기업가 정신의 정의에 대한 캠페인에 이 전략을 도입했다. 뱁슨은 본교를 학부 학생과 대학원생, 그리고 중역을 위한 사업 프로그램으로써 모든 종류의 기업가 정신Entrepreneurship of All Kinds™ 교육 기관으로 규정한다. 2012년에는 기업가 정신의 정의를 크라우드소싱대중들의 참여를 통해 정보나 도움을 구하는 방법 - 옮긴이 하며 학교 웹사이트에 페이지를 개설하고 출품작을 모았다.

우선은 유료 미디어를 이용해 참여를 권장하는 캠페인부터 시작했다. 기존 학생과 입학 지망자, 교수단, 정치가, 재계 리더, 졸업생 할 것 없이 저마다 아이디어를 제출했다. 이 학교는 수천 가지의 정의를 모아 마케팅 및 브랜딩 캠페인을 제작하는 데 이용했다.

커뮤니티의 참여를 권장한 덕분에 전통적인 아웃바운드 마케팅대상 소비자와 접촉해 제품이나 서비스를 홍보하는 마케팅 - 옮긴이의 접촉 범위를 넘어서며 학교의 영향권이 넓어졌다. 이 캠페인으로 182개국에서 20만 명이 넘는 독특한 방문객들이 '뱁슨을 정의하라Define Babson' 사이트를 방문했다. 뱁슨의 최고 마케팅 책임자 사라 사이코라Sarah Sykora는 다음과 같이 전해왔다.

"우리는 한정된 마케딩 예산을 이용해 지역사회와 시장을 참여시켜 메시지를 공유했습니다. 이런 방식을 이용하면 우리 예산으로는 상상할 수 없었을 만큼 범위가 확대됩니다. 또, 제3자를 통한 공유는 학교가 직접 홍보하는 것보다 훨씬 효과적입니다."

이 캠페인을 통해 몇 가지 목적이 달성되었다.

첫째, 뱁슨 대학을 인식하는 인구 집단이 넓어졌다^{리드 창출}. 사이코라의 말에 따르면, 뱁슨에서 실시하는 모든 단계^{학부, 대학원, 중역 교육}의 기업가 정신 프로그램에 대한 문의가 증가했다.

둘째, 입학 지망자들은 뱁슨 대학이 캠페인을 통해 기업가 정신에 더욱 헌신했다고 생각했다^{가치 키우기}.

셋째, 기존 직원과 교수진에 사명을 공유한다는 느낌과 자부심을 불어넣었다^{직원 참여}.

넷째, 졸업생들은 캠페인을 통해 커뮤니티 의식이 조성되어 학교와 커뮤니티의 유대가 강화되었다고 생각했다^{가치 키우기}.

이것이 바로 4종 결합 마케팅이다. 뱁슨 대학은 훗날 이 캠페인을 확대해 사회 혁신의 정의를 제시하는 과제에 전 세계 커뮤니티를 초대했다.

고객과 커뮤니티의 참여를 환영하고 권장하면 기업과 고객 사이에 유대가 강화될 것이다. 사이먼 메인웨어링^{Simon Mainwaring}은 《우리가 먼저 : 브랜드와 고객은 어떻게 소셜미디어를 이용해 더 좋은 세상을 건설하는가^{We First: How Brands and Consumers Use Social Media to Build a Better}

World》에서 다음과 같이 말한다.

"오늘날 고객을 유치하는 가장 효과적인 방법은 브랜드 이야기를 고객과 공유하고 이야기를 구성하는 과정에 도움을 청하는 것이다. 브랜드들이 드디어 충성스러운 고객은 본인이 이용하는 브랜드의 스토리텔링에 참여하고 싶어 한다는 사실을 깨닫고 있다."

고객이 직접 제품을 안내하게 하라

서브스크립션 박스 겸 공유 경제 기업인 플레이닷컴Pley.com은 매우 재미있는 회사이다. 플레이닷컴은 자사의 방대한 장난감 도서관에서 교육용 장난감을 대여하는 서브스크립션뿐만 아니라 매달 보관용 장난감 박스를 제공한다.

시작은 넷플릭스 모델을 이용한 레고LEGO® 세트 대여였다. 서비스를 구독하면 매달 여유분 조각과 설명서가 동봉된 레고 한 세트를 받을 수 있다. 조립을 마치면 조립품을 반납하고 다른 것을 받는다. 플레이닷킴은 구독자부모와 아이들를 지원하고 육성하고자 플레이월드PleyWorld라는 별도의 커뮤니티를 조성했다. 커뮤니티에서는 고객이 레고 작품의 니자인을 식섭 제출하고 다른 사람의 디자인에 투표한다. 어떤 디자인이 일정 수준의 투표를 받으면 플레이닷컴의 팀이 설명서를 제작해서 플레이 서비스를 통해 임대용이나 판매용으로 내놓는다.

이는 사용자의 참여와 커뮤니티 형성, 창의력 발휘를 권장하는 기발한 방법이다. 웹사이트에 따르면 플레이월드의 사명은 "창조 과정을 민주화하고 전 세계 설계자들에게 설계의 달인이 될 권한을 부여하는 것"이다. 이 회사는 서브스크립션을 기반으로 고객들이 창의력을 개발하고 육성할 수 있게 돕고, 이로써 고객의 충성도를 강화한다. 아울러 크라우드소싱한 디자인을 통해 자사 제품 라인을 참신하고 역동적으로 유지하고 있다.

이별에 품위 있게 대처하라

아무리 상황이 좋아도 고객은 떠나기 마련이다. 품위 있게 보내주어라. 이별에 훌륭하게 대처하면 고객이 돌아올 수도 있다. 마케팅 조직은 고객 수명의 말기 계획을 세워야 한다. 이 순간을 우연에 맡기는 것은 위험하다.

출구 계획 마련하기

서브스크립션을 취소해본 사람들이 겪었다는 공포스러운 이야기는 낯설지 않다. 기망고객 중 일부는 취소했다가 볼썽사나운 일을 겪게 될까 봐 걱정스러운 나머지 애초에 구독 자체를 포기하기도 한다.

떠나려는 고객에게 매달리는 것은 소름 끼치는 일이다. 고객이 떠나려는 이유를 알아내어 그들의 모든 문제에 대처하고자 노력하라. 하지만 그런 다음에는 품위 있게 그들을 보내주어야 한다. 이 과정이 젠틀하다면, 언젠가 고객은 돌아올지도 모른다.

서비스나 이메일을 이용하지 않는 구독자에게 미리 연락해 떠날 수 있는 기회를 제공하라. 이와 관련해 이메일 발송 최적화 서비스인 리턴 패스Return Path에서 받은 이메일이 무척 마음에 들었다. '서브스크립션을 취소하라고 권유하는 그 메시지는 이메일을 계속 받기를 원하는지 정중하게 질문한 다음 한 가지 단순한 선택을 제시했다.

"머물려면 행복한 코알라, 떠나려면 슬픈 원숭이를 클릭하시오"

이런 방식이라면, 구독을 취소하더라도 웃으면서 떠날 수 있다.

돌아오는 고객을 반갑게 맞이하라

이미 떠났던 회사를 다시 구독하면 어떤 일이 일어나는가?

- 기업은 돌아온 고객을 신규 고객처럼 대우할 수 있다. 이 경우 고객은 분명 모욕을 당하지는 않았지만 잊혔다고 느낄 것이다.
- 고객은 기업이 돌아온 자신을 반갑게 맞이하며 예전 고객임을 이미 알고 있

다는 사실에 기분 좋게 놀랄 수 있다.

• 고객 중심 서브스크립션 기업은 잃어버린 시간을 보상하거나 고객이 떠나기 전에 머물렀던 위치를 안다.

이 중 세 번째 접근 방식이 돌아온 고객들의 충성도를 지속적으로 강화할 수 있다.

과거의 고객이 서브스크립션을 재개하면 마치 옛 친구라도 되는 양 반갑게 맞이하라. 고객이 처음부터 다시 시작하게 만들지 마라. 떠나 있던 기간에 따라 각기 다른 콘텐츠를 담아 귀환 환영 캠페인을 구성하라. 돌아오는 구독자에게 무엇이 필요한지 생각하고 빨리 재등록하게끔 인도하라.

어느 날 아들 마크가 내게 스타크래프트 게임의 제작사인 블리자드 엔터테이먼트Blizzard Entertainment의 가치 키우기 활동을 소개했다. 고등학교 재학 시절 열성적인 게이머였던 아들은 대학에 입한 다음에고맙게도 게임을 그만두었다. 그러다가 여름 방학이면 온라인 게임을 다시 시작하곤 했다.

십중팔구 이런 패턴을 따르는 게이머가 많을 것이다. 한바탕 열렬하게 이용하고 나면 게임할 시간이 줄어드는 시기가 온다. 블리자드는 한동안 떠나 있던 고객이라도 게임의 세계에 쉽게 다시 합류할 수 있도록 돕는다. 고객이 떠나도 계정은 삭제되지 않고 동결된다. 부재 기간이 지나 다시 가입한 고객을 다음과 같이 금세 재미있게 즐길 수 있는 자원으로 연결시킨다.

- **돌아온 플레이어 가이드**^{Returning Player Guide} : 온라인 가이드에는 계정 관리, 게임의 중대한 변화, 새로운 기능, 최신 업데이트가 포함되어 있어서 돌아온 플레이어가 부재 기간 동안 온라인 세계에 어떤 일이 일어났는지 파악할 수 있다.
- **캐릭터 등급 승격** : 온라인 세계의 신제품 출시^{확장}를 통해 선주문을 위한 인센티브를 제공한다. 이를테면 온라인 세계의 캐릭터의 등급을 올리는 힘든 과제를 단시간에 완수할 수 있는 '90 등급 승격'을 제공하는 식이다. 이따금 이런 인센티브 덕분에 활동하지 않던 사용자가 돌아온다.

이를 통해 돌아온 플레이어를 참여시키고 되도록 단시간에 다시 게임을 시작하게 만든다는 목적을 성취한다.

기업의 핵심 스토리를 공유하라

어떤 고객이 서브스크립션을 시작하면 기업은 고객의 스토리에서 한 부분을 차지하게 된다. 고객과 기업의 가치관이 같으면 고객의 개인 스토리에서 기업이 차지하는 역할은 더 커진다. 더 심층적인 가치관과 조화를 이루는 기업은 지속적으로 충성도를 얻는다.

타일러 몬터규Tyler Montague는 《진실한 이야기 : 스토리와 액션을 결합해 당신의 기업을 변화시키는 방법True, Story : How to Combine Story and Action to Transform Your Business》에서 다음과 같이 밝히고 있다.

"사람들이 구매하는 것은 제품이 아니다. 그들은 본인의 메타스토리를 전개하는 데 효과적인 행동을 취하기 위해 제품을 구매하거나 사용한다."

벤처 캐피털리스트 벤 호로비츠Ben Horowitz는 기업 스토리 작성은 사업 전략의 필수조건이라고 밝힌다. 〈포브스Forbes〉에 실린 한 인터뷰에서 그는 다음과 같이 말했다.

"사람들이 저지르는 실수는 스토리의 핵심이 오로지 마케팅이라고 생각하는 것이다. 그렇지 않다. 스토리는 전략이다. 스토리를 더 멋지게 만드는 것은 전략을 더 멋지게 만든다는 뜻이다."

가장 효과적인 스토리와 가치관은 핵심 사업과 밀접하게 관련이 있다.

예컨대 돈Dawn 주방 세제는 더러운 접시에 남은 기름기를 제거하는 작업에 자부심을 느낀다. 이 세제는 해양 포유류와 해양 조류의 기름기를 제거할 때도 효과적이다. 돈은 수십 년 동안 해양 포유류 센터The Marine Mammal Center와 국제 조류 구조International Bird Rescue에 기름 유출로 피해를 입은 야생 동물의 정화 작업을 위한 주방 세제를 기부했다. 나아가 자사의 주방 세제로 아기 오리들을 씻는 자원봉사자들의 동영상을 공개했다. 아기 오리를 좋아하지 않는 사람이 어디 있겠는가? 돈은 환경 보호 기관을 지원하면서 브랜드 정체성과 솔루션의 가치를 강화하고 있다.

소프트웨어 거대기업 SAP는 오픈SAPOpenSAP 온라인 교육 플랫폼을 통해 지속가능성에 대한 온라인 무료 강좌를 제공한다. 2014년 당시 SAP의 최고 지속가능성 책임자 피터 그라프[Peter Graf]는 '지속가능성과 기업 혁신'이라는 제목의 강좌를 진행했다. 그는 이 강좌에서 자사의 공급 사슬과 고객에게 SAP에서 근무한 본인의 경험을 공유하며 지속가능성 목표를 보고했다.

전 세계에서 1만 4,000명이 넘는 사람이 이 강좌를 수강했다. SAP는 이후 계속해서 강좌를 업데이트하고 '디지털 변화를 통한 지속가능성'이라는 강좌와 주간 팟캐스트 '지속가능성 단편 정보[Sustainability Snippets]' 등 다른 강좌를 추가했다.

고객을 포함해 사람들에게 무료로 제공되는 이러한 콘텐츠들은 결과적으로 SAP의 목표 이행 과정을 촉진시켰다. SAP는 고객의 행동에 영향을 미침으로써 자사의 환경 및 사회적 지속가능성 활동의 영향력을 배가시키고 있다. 전 세계 대규모 제조업체가 대부분 이 회사의 고객이다. 이를 통해 이 회사는 혁신과 공급 사슬을 책임지는 파트너라는 자사의 역할을 강화한다.

돈과 SAP는 모두 자사의 솔루션 및 스토리와 조화를 이루는 캠페인을 선택했다. 가치에 기반을 둔 두 회사의 조치는 브랜드와 탄탄하게 통합됐다.

성공적인 전환을 위한 가치 키우기 전략

가치 기반 마케팅은 헌신을 요구한다

기업의 가치관은 마케팅 조직에 국한되어서는 안 된다. 가치 기반 기업으로 흔히 언급되는 가장 유명한 사례를 보자. 헌신은 CEO 단계에서부터 시작됨을 알 수 있다.

유니레버Unilever는 CEO 폴 폴먼Paul Polman의 지휘에 따라 사회적 영향과 환경적 지속가능성을 자사의 핵심 가치 전제에 통합했다. 이 회사는 유니레버 지속가능한 생활 계획Unilever Sustainable Living plan의 일환으로, 저돌적인 목표를 세우고 자사 웹사이트와 기업 보도 자료에서 이 목표를 홍보한다. 그 목표란 2030년까지 자사 제품을 생산하고 사용하는 사람들의 환경 발자국을 절반으로 줄이는 것이다. 여기에는 고객도 포함된다!

유니레버는 이를 위한 진전 상황을 매년 보고한다. 이것은 마케팅 캠페인이 아니라 기업 전략이다.

우리에게 익숙한 가정용품 가운데는 유니레버의 제품이 매우 많다. 이 기업이 보유한 여러 브랜드의 마케팅 조직은 모회사의 비전과 스토리에 일치하는 캠페인을 구성한다. 예를 들면 선라이트Sunlight *주방 세제 제조회사는 옥스팜Oxfam *개발도상국 사람들의 삶과 공정무역 거래, 의료와 교육을 돕는 단체—옮긴이에 가입해 나이지리아 시골 지역에 가정용 청정수의 지속가능한 원천을 제공한다.

의류 업체인 파타고니아Patagonia 역시 가치 기반 리더십을 실천하는 기업의 한 예이다. 창립자인 등반가 이본 쉬나드Yvon Chouinard는 환경에 헌신한다는 방침을 세웠다.

파타고니아는 고객에게 필요하지 않으면 자사의 재킷을 구입하지 말라고 권장함으로써 화제에 올랐다. 소매업체로서는 그야말로 획기적인 방침이다. 파타고니아는 자사 고객을 구독자처럼 대우하며 고객 관계를 오랫동안 유지해 환경에 미치는 영향을 줄인다.

- 이 회사는 고객이 매장으로 가져오는 품목들을 수선한다.
- 고객들은 상태가 아직 양호한 의류를 교환할 수 있다. 이 의류는 중고 의류 Worn Wear 프로그램을 통해 중고품으로 재판매된다. 파타고니아 제품의 내구성을 부각시키는 프로그램이다.
- 파타고니아는 재판매할 수 없는 의류를 매립하지 않고 재활용한다.

유니레버와 파타고니아는 모두 CEO부터 마케팅팀을 거쳐 조직 전체가 공동의 목적에 헌신한다. 물론 CEO의 참여가 중요하나, 한편 거의 모든 기업에서 고객과 직원이 모두 관심을 기울이는 문제에 대처할 방법을 찾을 수 있다.

성공적인 전환을 위한 가치 키우기 전략

당신의 가치관을 고객에게 전달하라

기업의 가치관과 스토리를 결정했다면 효과적으로 전달하라. 정확히 어떤 방법으로 전달할 것인지는 기업 스토리와 브랜드 개성^{연령, 성별} ^{등과 같은 인구통계학적 특성과 성격 특질 등 특정 브랜드에 연합되어 있는 인간적인 특성의 집합―옮긴이}에 따라 달라진다. 바크박스^{BarkBox}의 스토리는 단순하다. 많은 반려견 애호가가 반려견 간식과 관련된 서브스크립션 서비스를 구상한다. 이 회사가 스스로 선언한 사명은 반려견을 행복하게 만드는 일이며 이 회사의 '회사 소개' 페이지에는 직장에서 직원들이 행복해하는 반려견과 함께 있는 사진이 실려 있다.

박크박스는 수익의 10퍼센트를 동물보호소와 구조기관, 중성화 프로그램, 그 밖의 반려견 관련 비영리 조직에 기부한다. 아울러 자사의 가치관^{반려견 사랑}을 고객과 공유하고, 기업 스토리와 일치하는 방식으로 가치관을 실천한다.

앤 핸들리는 《마음을 빼앗는 글쓰기 전략》에서 다음과 같이 말한다.

"매력적인 브랜드 스토리는 본질적으로 일종의 선물이며 사람 대 사람으로 관계를 맺고 진짜 가치를 제공하는 진짜 사람들이 운영하는, 숨 쉬며 살아있는 실체로서 기업을 있는 그대로 바라볼 방법을 대중에게 선사한다."

고객에게 참여하도록 권유하라

고객과 협력해 더 고상한 가치관을 지원할 방법을 모색하라.

2015년 네팔에서 대규모 지진이 일어났을 때 페이스북은 국제 의료 단체International Medical Corps와 협력해 '기부' 버튼을 게시하고 피폐된 네팔을 위한 원조금을 모금해 분배했다. 이 회사에서는 1차 기부금 200만 달러를 일일이 대조했다. 페이스북 사용자가 참여해 페이스북이 약속한 200만 달러 이외에도 한 주 동안 1,500만 달러가 넘는 모금액이 모였다. 페이스북은 고객에게 참여하도록 권유하는 한편 직접 참여했다.

딕스스포팅구즈Dick's Sporting Goods은 이와 비슷하게 자선과 관련된 마케팅 전략을 이용해 미국의 청소년 운동선수들을 지원한다.

이 스포츠용품 회사는 운동 활동에 참여하는 전 연령의 사람을 고객으로 삼는다. 자사의 자원 단체를 통해 2014년 초반 '스포츠가 중요하다Sports Matter'는 캠페인을 구상해 공립학교 스포츠의 자금 위기에 대한 인식을 높이고 운영비용을 모금하는 팀을 지원했다.

이 캠페인에 동영상과 소셜미디어, 유명 인사의 보증 선전을 동원했다. 뿐만 아니라 예산 삭감을 앞두고 있는 필라델피아의 두 라이벌 고등학교에 대한 감동적인 다큐멘터리 '우리는 왕이 될 수 있었다We Could Be King'를 후원했다.

이 캠페인을 통해 35개 주의 187개 팀이 운영비용을 모금했다. 딕스스포팅구즈 재단은 부응 기금일반 기부 모금에 부응하여 단체이나 개인 등이 내는 일정 비율의 기금—옮긴이을 제공했고, 그 결과 지역 모금 행사에서 모금한 금액은 두 배로 증가했다.

그와 같은 기금모금 활동가, 팀의 운동선수, 부모가 지금 딕스스포팅구즈의 충성스러운 팬일지가 궁금한가? 짐작컨대 그들은 이 회사의 목적에 호감을 느끼며 단골 고객이 됐을 것이다.

가치 기반 마케팅의 주의 사항

주의하지 않으면 앞서 설명한 가치 기반 마케팅 전략이 원하는 결과를 얻지 못할 수 있다. 자칫 방향을 잃을 수도 있으니 출발하기 전에 조심스럽게 길을 살펴라.

가장 중요한 것은 가치관을 속여서는 안 된다는 점이다. 최고의 마케팅 캠페인이라 할지라도 기업에서 고객이 신봉하는 스토리와 가치관에 진심으로 헌신하지 않으면 결국 고객에게 해를 입힐 것이다. 앤드류 S. 윈스턴Andrew S. Winston은 《빅 피봇 : 더 뜨겁고 부족하며 개방적인 세계를 위한 파격적으로 실용적인 전략The Big Pivot: Radically Practical Strategies for a Hotter, Scarcer, and More Open World》에서 테크놀로지와 현실 세계가 서로 연결된 오늘날의 기업들은 은밀함이 아닌 투명성이 새로운 규범이라는 사실을 깨달아야 한다고 주장한다. 그는 "빅데이터와 투명성의 위력은 무자비한 물결"이라고 말한다. 만일 기업의 행보와 이미 선언한 기업의 가치관이 조화를 이루지 못한다면 결국 온 세상이 이를 알아차릴 것이다.

비즈니스와는 무관하지만, 파격적인 투명성과 관련하여 내가 좋아하는 한 가지 이야기가 있다. 미국 대법원은 이미 발표한 판결 이유를 이따금 편집하곤 한다. 법률학자들은 본래 발표된 견해에 의존하다가 국법이 약간 달라졌다는 사실을 뒤늦게 발견하고서 낭패를 본다. 대법원은 일부 유료 서브스크립션 서비스에만 이런 변경 사항의 기록을 보내고 있다.

변호사 겸 파트타임 컴퓨터 프로그래머인 V. 데이비드 즈베냐크V. David Zvenyach는 이런 상황에 대처하고자 대법원 웹사이트에서 변경 사항을 찾아 트위터 계정@SCOTUS_servo으로 공유하는 간단한 애플리케이션을 만들었다. 대법원의 편집에 투명성을 부여하기 위해 필요한 것은 간단한 글과 트위터 계정이 전부였다. 사업의 관점에서 볼 때 이는 어떤 의미일까?

여러분의 기업 스토리는 반드시 합법적이어야 한다. 브리티시 페트롤륨British Petroleum, BP의 '석유를 넘어Beyond Petroleum' 캠페인을 기억하

성공적인 전환을 위한 가치 키우기 전략

는가? 비교적 규모가 작았던, BP의 대체 에너지 투자는 석유 매장량을 확보하려는 저돌적인 노력으로 인해 무색해졌다. 몸소 실천하지 않으면서 환경 가치관을 내세우면 위선이라는 비난을 면치 못할 것이다.

당신이 전개하는 모든 가치 기반 전략은 반드시 대폭적인 승인을 받아야 한다.

아울러 목적의 저주를 경계하라. 다시 말해 가망고객보다 사회적인 덕목이나 환경적인 덕목을 더 중요시하거나, 다른 고객의 가치나 요구를 무시하지 말아야 한다.

모든 조건이 동일하다면 사람들은 자신의 가치관을 공유하는 기업과 거래하고 싶어 한다. 그렇다고 품질과 기능성, 가격을 무시해도 좋다는 의미는 아니다. 홀푸드Whole Foods가 아무리 유기농 식품을 판매해도 고객은 쇼핑 경험이나 제품의 품질을 포기하지 않는다. 환경적인 가치나 사회적인 가치를 선도하려면, 그 가치가 솔루션의 가치를 대체하기보다는 향상시키는 것이어야 한다.

사업 모델에 가치관을 심어라

고객의 가치관과 조화를 이루는 문제와 관련하여 더 깊이 살펴보자. 결국은 사업 모델에 더 원대한 목적을 심는 기업이 가장 탄탄하게 입지를 굳힐 것이다. 가치관과 사업은 이제 분리할 수 없다. 제품을 판매하는 방식이나 사업의 법적 구조에 목적을 포함시켜야 한다.

목적이 곧 제품의 정체성이 되다

탐스 슈즈^{Toms Shoes}는 전 세계의 불우한 아이들에게 신발을 제공한다는 비전을 사업의 토대로 삼았다. 이 회사의 스토리에 따르면, 탐스의 CEO 블레이크 마이코스키^{Blake Mycoskie}는 아르헨티나 시골 지역의 아이들이 맨발로 다니는 모습을 보고 대책을 세우고 싶었다. 그래서 신발 한 켤레를 판매할 때마다 한 아이에게 신발 한 켤레를 기부한다는 전제로 탐스를 설립했다.

탐스 슈즈는 탐스 원포원Toms One for One® 모델을 통해 지금껏 3,500만 켤레의 신발을 기부했다. 누구든지 고객이 되는 행위를 통해 이 회사의 스토리에 직접적으로 참여할 수 있다.

이 회사는 몇 년에 걸쳐 원포원 모델을 신발 이외에 다른 제품까지 확대했다. 예를 들면 다음과 같다.

- 선글라스 한 개를 판매할 때마다 불우한 사람들에게 시력 검사와 안경을 기부한다.
- 커피 구매를 커피콩을 재배하는 나라에 깨끗한 식수를 제공하는 기부 활동과 연결시킨다.

이 회사의 사명과 목적이 판매하는 제품의 가치를 높인다. 고객은 단순히 신발을 구매하는 것이 아니다. 자신이 새 신발을 신을 때 다른 어딘가의 한 아이도 신발 한 켤레를 얻는다는 사실을 구매한다.

탐스는 연말이면 감사 동영상을 발송해 이 사업 모델의 누적 효과를 설명한다. 2016년 동영상에서는 신발 1,400만 켤레를 기부하고 시력 회복 치료를 11만 5,000회 실시했다는 사실을 전했다.

각각 안경과 양말을 제공하는 워비 파커Warby Parker와 봄바스Bombas 등 다른 기업이 이와 비슷한 모델을 수용했다.

이런 종류의 사명을 토대로 삼지 않는 기존 기업과 협력하는 경우라면 어떻게 할까? 이 경우에는 기존 상품에 목적을 심을 수 있다.

약국 체인인 월그린스Walgreens는 독감의 계절이면 '주사를 맞고 주사를 기부하라Get a Shot. Give a Shot®' 프로그램을 홍보한다. 어떤 고객이 월그린스에서 백신 주사를 구입하면 월그린스는 국제연합재단United Nations Foundation과 협력해 개발도상국의 아동에게 백신을 제공할 자금을 기부한다.

월그린스의 사례는 투자가 넘치는 스타트업만 사업 모델에 목적을 통합하는 것이 아님을 입증한다.

B코퍼레이션들이 증가한다

사람people과 지구planet, 수익profits을 아우르는 트리플 바텀 라인triple bottom line이라는 개념기업 이익, 환경 지속성, 사회적 책임이라는 세 가지 기준으로 기업 실적을 측정하는 비스니스 원칙 - 옮긴이을 수용하는 기업이 점점 증가하고 있다. 사회적 목적과 환경적 목적을 수용하는 기업은 고객의 더욱 심오한 가치관

성공적인 전환을 위한 가치 키우기 전략

과 조화를 이룸으로써 중대한 경쟁 우위를 얻는다. 사이먼 메인웨어링이 《우리가 먼저》에서 말하듯이 "수익의 미래는 목적이다. 소비자는 더 나은 장치는 물론이고 더 나은 세상을 원한다."

소비자는 이런 변화에 보답한다. 2015년 콘 커뮤니케이션스 에비큐이티 글로벌 CSR 연구^{2015 Cone Communications Ebiquity Global CSR Study}에 따르면 소비자들은 기업이 책임감을 가지고 운영하기를 기대하며 가능하면 책임을 지는 제품을 찾는다.

혹자는 목적과 사업이 어울리지 않는다고 주장한다. 상장 기업에서 경영진과 이사회 임원은 주주들의 이익을 보호해야 할 피신탁자의 의무를 진다. 그들은 단기적으로 분기별 성과를 거둬야 한다는 시장의 압박을 받는다. 그로 인해 이윤 동기에 이끌려 장기적으로 부정적인 결과를 초래하는 결정을 내릴 수 있다는 것이다.

이 같은 문제를 방지하기 위해 사회적 목적을 포함한 법적 구조를 채택함으로써 이윤 동기와 균형을 맞추는 기업이 점점 증가하고 있다. 이들이 바로 베네피트 기업^{benefit corporations *이윤 창출과 사회적 책임 모두를 적극적으로 행하는 기업을 이르는 말—옮긴이}이다.

미국의 베네피트 기업은 법적으로 규정한 목표의 일환으로 대중에게 혜택을 부여하는 영리 추구 조직이다. 베네피트 기업은 의사 결정 과정에서 이윤 동기와 공익 간의 균형을 맞추는 한편 이런 목표의 성과를 보고한다.

베네피트 기업 운동이 성장하고 있다. 이런 조직에 관한 미국 법률은 주마다 다르다. 전 세계 국가들이 나름대로 베네피트 기업 형태를 고려하거나 채택하고 있다.

이와 관련하여 비영리 조직인 B랩The B Lab은 사회적 성과와 환경적 성과, 공적 투명성, 책임을 바탕으로 기업을 인증한다. 2016년 현재 인증을 받은 B코퍼레이션Certified B Corporations™의 목록에는 50개국의 2,000개가 넘는 기업이 포함되어 있다.

물론 베네피트 기업에 속하는 회사가 인증받기 가장 쉽기 때문에 인증받은 B코퍼레이션 목록은 소규모 기업에 편향되어 있다. 하지만 벤 앤드 제리스Ben & Jerry's '유니레버의 자회사, 파타고니아, 내추라Natura '상장 기업인 브라질 화장품 회사 등 일부 기존 기업 또한 이 모델을 채택하고 있다. 이들은 세상을 변화시키기 위해 노력하는 영리 기반 기업이다.

이처럼 사업 모델에 목적을 포함한 기업은 이사회나 경영진이 바뀌어도 견뎌낸다. B코퍼레이션과 거래하는 소비자들은 이윤 동기보다 중요한 무언가가 고객 관계를 형성한다는 사실을 안다.

서브스크립션 경제의 영향력이 확대됨에 따라 지속적인 고객 관계가 기업 생존의 중대한 변수가 되어가고 있다. 따라서 목적과 사업을 결합시키는 모델은 앞으로 계속 성장할 것으로 보인다.

성공적인 전환을 위한 가치 키우기 전략

무료 시험 사용자를 육성하라

여러 서브스크립션 기업의 판매 과정에서 무료 시험Free Trial은 중요한 요소이다. 가망고객은 무료 시험을 이용해 가입하기 전에 솔루션을 사용할 기회를 얻는다.

시험의 핵심은 단순히 박스에 담긴 것이나 솔루션의 일부가 아니라 경험이다. 무료 시험은 고객이 되는 경험을 평가할 기회이다.

서브스크립션 솔루션을 판매할 때 마케팅 조직은 가치 입증하기와 신뢰 얻기를 핵심 목표로 삼아야 한다. 지금까지는 주로 가치를 입증하거나 부가하는 일에 관해 살펴보았다. 하지만 고객의 신뢰를 얻는 일의 중요성을 간과해서는 안 된다.

가망 구독자는 장기적인 관계를 맺기 전에 기업을 신뢰할 수 있는지 확인하고 싶어 한다. 그들은 다음과 같이 자문할 것이다.

- 구독에 투자한 다음에도 계속 존재할 기업인가?
- 자동 결제할 때 신뢰할 수 있는 기업인가?
- 구독하면 개인생활이나 직장생활에서 더 큰 성공을 거둘 수 있을까?

무료 시험은 고객의 신뢰를 얻고 유지할 수 있는 능력을 확인하는 테스트이다. 이때 조직적 문제가 이런 목표에 걸림돌이 될 수 있다.

무료 시험의 황무지

무료 시험 고객은 완전히 가망고객도 아니며 그렇다고 해서 완전히 고객도 아니다. 즉, 두 가지 성격을 약간씩 가지고 있다. 가망고객과 고객을 나누는 이분법은 문제를 초래한다. 예를 들어보자. 시험 사용자와의 관계는 누구의 소유인가? 가망고객과 어느 정도 상호작용해야 하는가? 이 경우 상호작용은 어떤 모습일까?

일부 기업은 무료 시험 과정에서 고객을 끈질기게 구매로 유도한다. 고객은 무료 시험판을 사용하다가 중고차 판매소의 온라인 버전 같은 경험하게 된다. 줄기차게 이메일이나 전화가 오거나 채팅 박스가 불쑥 불쑥 튀어나오는 식이다.

그런가 하면 시험 사용자를 기존 고객과 동일하게 대우하면서 방관적인 접근 방식을 택하는 기업도 있다. 문제가 있는 사람이면 누구나 고객지원센터에 연락할 것이라고 생각하는 것이다. 혹은 시험 사용자를 유료 고객처럼 생각해 고객 성공팀에 온보딩 과정을 맡기기도 한다.

하지만 시험 사용자가 반드시 신규 고객이 되는 것은 아니다. 적어도 아직은 아니다.

사람들은 흔히 구매할 준비가 되지 않은 상태에서 무료 시험을 신청한다. 결정을 내리기 전에 더 알아보기 위한 방법으로 무료 시험을 이용하는 사람도 있다. 이 단계에서 고객 성공팀이 후속 마케팅 메시지를 전달하는 부담을 떠안을 필요는 없다.

지금까지 이 책을 읽으며 가치 키우기의 효과를 깨달은 사람이라면, 다음의 중요한 사실을 인식할 것이다.

무료 시험 기간은 리드 키우기가 가치 키우기로 변하는 기간이다.

가치 키우기 개념을 적용해 시험 고객이 초기 성공을 거두도록 도와라. 앞서 설명한 전략을 채택하고 판매, 지원, 고객 성공 부서와 협력해 시험 구독자를 육성하라. 이를 위해 다음과 같은 방식을 채택할 수 있다.

- 시험 고객이 가장 큰 가치를 발견하도록 유도하기 위하여 훈련 자원이나 동영상, 이메일 캠페인을 제공하라. 타깃을 이미 세분화했다면 가망고객을 어느 방향으로 유도해야 할지 더 정확히 파악할 수 있을 것이다.

- 시험 사용자의 온라인 행동을 관찰하고 방향을 잃거나 길에서 벗어난 것처럼 보이면 캠페인이나 이메일, 전화로 상기시켜라.

- 시험하는 동안 정기적으로 지원을 제공하라. 단, 짜증 날 만큼 끈질기지는 않게.

시험은 가망고객의 신뢰를 얻고 앞으로 이 관계가 어떻게 진행될지 확인할 기회이다. 이를 명심하고 절대 성가시게 굴거나 짜증 나게 하지 마라. 대비하고 반응하라.

무료 시험 vs. 프리미엄 모델

무료 시험을 프리미엄 무료 보상, 프리/프리미엄(free/premium)의 준말 모델과 혼동하지 않도록 조심하라. 무료 시험 서비스를 통해 사용자는 일정 시간 동안 솔루션을 시범적으로 사용할 수 있다. 그다음 유료 구독자가 되거나 아니면 떠날 것이다.

이와 대조적으로 프리미엄 모델에서는 곧바로 유료 상품으로 업그레이드하는 고객은 적은 반면, 많은 고객이 무료 구독자로 남는다. 그들은 니즈가 커질 때 결국 유료로 전환할 것이다.

프리미엄 모델을 성공적으로 실행하면 무료 사용자를 통해 기업의 마케팅 범위를 확대시킬 수 있다. 무료 버전에 대단히 만족한 사용자는 옹호자가 되어 다른 사람들에게 서비스를 추천할 것이다. 이를테면 에버노트Evernote 애플리케이션은 여러 디바이스 사이의 온라인 메모를 포착하고 공유한다. 이 애플리케이션은 무료 버전의 열렬한 팬들을 통해 급속도로 확산되었다. 블로거들이 가장 선호하는 생산성 도구의 목록에는 항상 에버노트가 있다. 무료 버전을 사용해본 사람들이 이 애플리케이션의 가장 활발한 옹호자가 되었다.

프리미엄 모델은 멋진 성장 전략이 될 수 있지만 그러려면 세심하게 계획해야 한다. 서브스크립션 마케터의 전반적인 목표는 가치를 입증하고 신뢰를 얻는 것임을 명심하라. 프리미엄 모델로 이 목표를 성취하려면 다음과 같은 조건이 전제되어야 한다.

첫째, 무료 버전은 그 자체로 충분히 가치가 있어야 한다. 다시 말해, 모든 사용자를 전환시킬 목적으로 설계한 '요약' 버전이어서는 안 된다.

둘째, 유료 버전과 무료 버전은 충분히 달라야 하며 이를 통해 유료 버전의 가치가 명백히 드러나야 한다.

셋째, 전체 플랫폼을 유지하기 위하여 필요한 유료 사용자의 숫자를 알고 있어야 한다.

넷째, 재정적으로 지속 가능한 모델이어야 하며, 비용 부족을 핑계로 무료 버전의 어떤 특성이나 성능을 빼는 일이 생겨서는 안 된다. 사람들은 일단 익숙해진 무언가를 잃으면 속상해한다. 혜택을 받을 권리는 금세 내 것이 된다. 따라서 기존 사용자가 이용하는 특성이나 기능을 제거하면 신뢰를 잃을 것이다.

전환의 순간

일이 순조롭게 진행된다면 유료 고객으로 전환하는 시험 사용자가 많을 것이다. 그러나 시험 버전이 마음에 들었다고 해서 모든 사용자가 전환하지는 않는다. 전환비율은 마케팅 표적을 얼마나 정확하게 설정했는지에 따라 달라질 것이다.

시험 사용자가 당연히 유료 구독자로 전환할 것이라는 생각은 금물이다. 유료 전환을 처리하는 방식에 따라 고객 경험은 풍요로워질 수도, 축소될 수도 있다.

예를 들어, 시험 사용을 시작할 때 신용카드를 등록해놓고 30일이 지난 시점부터 요금을 부가하는 기업이 많다. 이런 접근 방식에는 여러 가지 장점이 있다. 무엇보다도 아직 전환을 진지하게 생각하지 않

성공적인 전환을 위한 가치 키우기 전략

는 가망고객을 걸러낼 수 있어서, 실제로 전환이 진행되면 과정이 간단해진다.

그러나 성공적인 전환을 위해서는 보다 구체적인 고민이 필요하다. 생각해보자. 처음으로 고객에게 요금을 청구할 순간이 왔을 때, 곧바로 유료로 전환시킨 후 고객에게 통보 및 청구할 것인가, 아니면 곧 유료로 전환된다는 것을 미리 고객에게 알릴 것인가? 고객의 재무 정보나 첫 번째 결제를 확보했다 하더라도 전환의 순간을 세심하게 살필 필요가 있다.

시험 사용 신청 사실을 잊어버리고 있던 고객이 예상치 못한 신용 카드 대금을 발견한다면 고객과의 관계에서 신뢰가 약간 무너질 것이다. 이는 장기적인 충성도에 좋지 않은 징조이다.

나는 레인메이커 플랫폼Rainmaker Platform을 이용해 작가 웹사이트를 운영하는데, 이 회사의 무료 시험을 신청하면서 신용카드 결제정보를 제출했다.

레인메이커는 30일의 시험 기간 동안 동영상, 서면 가이드, 웨비나, 안내 투어 등 다양한 포맷으로 엄청난 양의 교육을 제공했다. 한 번도 '판매'를 시도하지 않았으며 내가 질문하면 지원팀에서 신속하게 답변했다. 시험이 끝나기 사흘 전에 다음과 같이 시작하는 이메일이 도착했다.

"이 글을 보내는 이유는 약 72시간 후에 귀하의 레인메이커 시험 사용 기간이 종료되어 첫 결제가 처리되기 때문입니다."

이메일에는 로그인 정보와 서브스크립션을 계속할 때 이용할 추가 자료로 연결되는 링크가 포함되어 있었다. 게다가 내가 필요로 하는 경우 개인적인 지원까지 제공했다. 가장 중요한 사실은 곧 진행될 전환을 상기시킴으로써 만족하지 못했거나 준비가 되지 않았다면 결제를 취소할 수 있다고 암묵적으로 허락했다는 점이다. 이 덕분에 레인메이커는 내 신뢰를 얻었고 신뢰는 오랜 기간을 거쳐 더욱 돈독해졌다.

레인메이커의 시험은 지속적인 고객 경험의 훌륭한 모델이었다. 뒷이야기를 덧붙이자면, 나는 그들의 고객이 되는 경험이 무척 즐거웠고 그래서 다른 사람들에게도 레인메이커를 추천하곤 한다. 가치 키우기의 임무를 훌륭하게 완성하면, 이는 곧 충성도와 고객 옹호로 이어진다.

성공적인 전환을 위한 가치 키우기 전략

PART 3

전략을
실행하기 위한
변화 이끌기

21

본격적인 변화를 위한 준비

독자 여러분이 지금쯤 가치 키우기의 역할을 이해하고, 앞서 소개한 전략 중 실행하고 싶은 것을 찾았기를 바란다. 이제 조직의 나머지 사람들을 설득하는 것은 당신의 몫이다. 이번 장에서는 이 과정에 필요한 무기를 제시할 것이다.

고객 가치를 뒷받침하는 구체적인 수치

마케터는 총수입 수치를 이용해 모든 조직 구성원들에게 가치 키우기의 효과를 보여줄 수 있다. 가치 키우기를 입증해야 한다면 당신의 회사에서 다음과 같은 수치를 추적하는지 파악하라.

- **고객 유지** : 고객 보유 및 이탈과 관련된 수치

- **고객 이탈률 또는 총수입 이탈률**

- **고객 충성도** : 순추천 고객지수Net Promoter Score®나 다른 척도들

- **계정 당 평균 총수입**Average revenue per account, ARPA

- **평균 고객 수명 가치**Average customer lifetime value

이 모든 수치들이 경영 사례의 토대를 제공할 수 있다.

보유와 이탈

고객 보유와 고객 이탈은 동전의 양면이다. 어떤 면을 추적하든 상관없이 가치 키우기가 이탈과 보유에 중대한 영향을 미칠 것이다.

나는 낙관주의주이며 그래서 보유에 대해 생각하는 편을 좋아한다. 하지만 누군가의 주의를 끌고 싶다면 이탈에 대해 이야기하라. 먼저 간단한 용어부터 살펴보자.

- 고객 이탈률은 일정 기간 동안 떠난갱신이나 구독을 하지 않은 고객의 비율을 의미한다.

- 총수입 이탈률은 일정 기간에 걸친 총수입의 감소 비율을 의미한다.

이 두 가지는 연관되어 있지만 동일하지는 않다. 형편이 어려워진 고객이 구독분을 줄이는 경우, 고객이 떠나지 않아도 총수입은 감소할 것이다. 일부 고객이 서비스에 매우 만족해 업그레이드하거나 다른 서비스를 구매하면 총수입이 증가해 고객 상실을 상쇄할 수 있다.

복잡한 내용은 차차 생각하기로 하고, 일단 고객 이탈에 대해 살펴보자. 고객 이탈률을 눈에 띄게 변화시키면 장기적으로 총수입에 중대한 영향을 미칠 수 있다.

대부분의 기업에는 자연적인 이탈률이 있다. 다시 말해 기업과 무관한 일반적인 이유로 떠나는 고객이 있다. 이를테면 기저귀 배송 서비스의 고객은 아이가 기저귀를 떼는 축복의 날이 오면 대개 이탈한다. 이탈이 자연적인 비율을 넘어서면 총수입이 감소하게 된다.

보유와 이탈은 시간이 지나면서 축적된다. 따라서 비교적 소소한 정도라도 조금씩 높아지면 총수입이 큰 폭으로 변화할 것이다. 이를 퇴직 계정의 누적 이율이라고 생각하라. 낮은 비율의 변화라도 수십 년이 지나면 누적 차이가 어마어마해질 것이다. 가령 기업의 연간 고객 보유율이 85퍼센트이며 현재 고객이 1,000명이라고 하자. 신규 고객이 추가되지 않으면 4년 후에 고객은 약 522명으로 줄어 처음 고객 수의 절반을 약간 웃돌 것이다.

반면 가치 키우기 활동을 통해 고객 보유율이 90퍼센트까지 향상

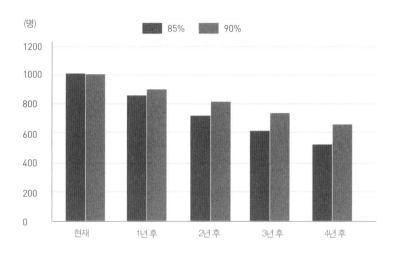

고객 보유율 85퍼센트와 90퍼센트의 차이

(명)

■ 85%　　■ 90%

현재 | 1년 후 | 2년 후 | 3년 후 | 4년 후

된다면연간 이탈률을 15퍼센트에서 10퍼센트로 줄인다면 4년이 지난 다음 원래 고객 가운데 656명이 남을 것이다.

이들 수치에는 중간 시기에 획득한 고객은 포함되지 않는다. 보유율이 높아지면 신규 고객은 '대체'가 아니라 '성장'을 의미하며, 이듬해 고객 보유율의 기준선을 높이는 한 가지 요인이 된다.

스타트업은 설립 초기에는 고객을 유지하는 것이 비교적 쉬워 보여서 이탈에 대해 걱정하지 않을 것이다. 연간 총수입 10만 달러를 기록하며 급성장하는 스타트업에서 이탈로 잃은 1만 달러를 대체하는

전략을 실행하기 위한 변화 이끌기

것은 해볼 만한 일처럼 보인다. 1만 달러가 아니라 최초의 100만 달러에 주목하기 때문이다.

그러나 회사가 성장할수록 수치가 점점 커지므로 떠나는 구독자를 대체하기가 더 어려워진다. 예컨대 연간 총수입이 1,000만 달러에 이르고 이탈률 10퍼센트인 기업에서 이 10퍼센트 때문에 감소한 총수입을 대체하려면 신규 거래 100만 달러를 찾아야 할 것이다. 용케 찾는다 해도 현상유지에 그칠 뿐이지 성장하는 것이 아니다. 하지만 투자가들은 성장을 원한다. 가치 키우기가 이 등식을 어떻게 바꿀 수 있을까?

- 효과적인 가치 키우기를 통해 서브스크립션에서 얻을 수 있는 가치를 고객에게 일깨움으로써 고객 이탈을 줄일 수 있다.
- 가치 키우기는 또한 교차 판매와 상향 판매에 바람직한 환경을 조성해 총수입 이탈을 줄인다. 고객이 떠나는 바람에 감소한 총수입을 충분히 상쇄할 만큼 기존 고객으로부터 얻는 총수입이 증가할 것이다.

고객 충성도 향상시키기

충성스러운 고객은 계속 머문다. 이들은 새로운 특성과 서비스를 가장 먼저 시험하고 기업에 자신의 의견을 전한다. 아울러 다른 사람들에게 서비스를 추천해 단시간에 전환하는 매우 적절한 리드를 제공한다. 충성스러운 고객은 성장의 촉진제이다.

기업은 행동을 관찰하고 조사를 실시하는 등 여러 가지 전술을 이용한다.

순추천 고객지수^{NPS®}는 충성도를 추적하는 가장 일반적인 수치로 손꼽힌다. 이 수치는 다음의 한 가지 질문에 대한 고객의 답변을 토대로 충성도를 수치화한다.

"^{이 회사를} 친구나 동료에게 추천할 가능성은 어느 정도인가?"

순추천 고객지수의 옹호자는 이 지수와 전반적인 기업 성과, 시장 가치 사이에 상관관계가 존재한다고 주장한다. 순추천 고객지수 포인트를 돈으로 환산하지 않아도 제품이나 서비스를 추천하는 고객이 경제적 자산이라는 점에는 누구나 동의할 것이다. 입소문 광고에는 기본적으로 돈이 들지 않는다. 기존 고객이 소개하는 리드는 다른 리드를 확보할 때보다 비용이 적게 들며 더 짧은 시간 내에 전환하는 경향이 있다.

가치 키우기 프로그램이 성공하면 고객 충성도와 만족도가 높아질 것이다. 고객이 서브스크립션으로 얻을 수 있는 가치를 깨달으면 다른 사람에게 추천할 가능성이 더욱 높아진다. 기업이 고객에게 가차를 훌륭하게 입증하면 고객은 그 정보를 더욱 쉽게 다른 사람과 공유할 것이다.

순추천 고객지수를 추적하면 이 수치를 이용해 가치 키우기 프로그램의 효과를 입증할 수 있을 것이다. 아니면 기존 고객이 소개하는 리드 횟수를 추적하라. 고객 옹호와 소개는 가치 키우기의 위력을 입증한다.

고객 수명 가치 높이기

장기적인 관점에서 볼 때 고객 한 명은 총수입 면에서 어느 정도 가치가 있는가? 5~10퍼센트 정도 평균 고객 수명을 높이면 총수입에 어떤 변화가 일어날까?

세부사항까지 꼼꼼히 살펴본다면 고객 수명 가치의 수학은 금세 복잡해질 것이다. 하지만 걱정하지 마라. 일반적으로 고객 수명 가치를 좌우하는 세 가지 변수가 있다.

- **소비** : 해당 기간 동안(월간, 연간) 고객이 얼마나 소비하는가?
- **판매 수익** : 해당 기간 동안 고객에게 서비스를 제공하는 비용을 제외하면 얼마나 남는가?

- **이탈** : 고객이 떠날 확률

　효과적인 가치 키우기는 여러 가지 방식으로 고객 수명 가치를 높인다. 일단 성장을 촉진시키는 관행을 통해 고객 수명 초기에 고객이 떠날 가능성을 줄인다. 반복적으로 갱신하는 서브스크립션은 시간이 지날수록 가치가 더 높아진다. 또한 솔루션이 제공하는 큰 가치를 인식하는 고객은 상향 판매 캠페인이나 제안에 반응하면서 업그레이드하거나 사용 범위를 확대할 가능성이 훨씬 더 크다. 이들은 기업이 제공하는 다른 서비스에 더욱 개방적이다교차 판매. 이런 행동을 통해 총수입이 증가한다.

　고객 수명 가치는 주도적이고 미래 지향적인 척도이다. 가치 키우기는 고객 수명 가치를 높이기 마련이지만, 초기 효과는 보유와 계정당 평균 총수입 같은 현재나 과거의 수치로 드러날 것이다.

총수입 기회에 초점을 맞추어라

　마케팅의 우선순위를 중심으로 재무 검토를 재조정하는 방법 중 한 가지는, 전체 총수입보다는 전반적인 총수입 기회를 기준으로 마케팅 지출을 살피는 것이다.

당신은 당연히 마케팅에서 현재 총수입이 아니라 총수입을 거둘 잠재력이 큰 영역에 시간과 돈을 투자해야 한다고 주장할 수 있다. 기존 고객 기반의 총수입 잠재력은 다음과 같은 요인에 좌우된다.

- 고객이 지불하는 서브스크립션 가격
- 고객이 구독자로 머무는 평균 기간
- 고객의 이탈 가능성^{이탈률}
- 총수입 증가 가능성^{상향 판매와 교차 판매 비율}

기업이 성숙해질수록 기존 고객에서 얻을 수 있는 잠재적인 총수입이 증가한다. 신규 고객과 비교할 때 이 총수입에는 선불 고객 획득비용이 들지 않는다. 고객 가치 키우기에 약간만 투자하면 잠재적인 총수입을 보호하고 증가시킬 수 있다.

반론 극복하기

고객 가치 키우기는 기존 마케팅 업무의 대체 방안이 아니라 추가 업무이다. 즉, 가치 키우기를 위해 리드 창출이나 인지도 형성, 혹은 기존의 총수입을 주도하는 다른 업무를 그만두어도 된다는 의미가 아니다. 상충하는 요구들 때문에 이미 부담을 느끼고 있는 마케터 입장에서는 가치 키우기가 부담스럽게 느껴질 수 있다. 이에 반감을 가지고 가치 키우기를 반대할 수도 있다.

훌륭한 마케터라면 누구나 판매 과정에서 거절에 대처하는 방법을 배운다. 이와 같은 맥락에서 당신은 마케팅 조직 내에서의 거절 혹은 반대에 대처할 준비를 해야 한다.

▶ 반대 유형 ❶ 상품에서 무엇보다 중요한 것은 리드 창출이다

팀원들은 다음과 같은 말로 가치 키우기에 반대할 수 있다.

"서브스크립션 상품이 새롭게 출시되었으니 리드 창출에 모든 자원을 투입해야 한다."

특히 신상품이나 스타트업의 경우 리드 창출의 중요성에 이의를 제기하기는 어렵다. 하지만 고객 이탈이 성장에 미치는 누적 효과를 고려하면 가치 키우기를 시작하기에 가장 적절한 시기는 론칭 첫날이다. 아직 고객의 수가 적기 때문에, 오히려 전략을 시험하고 조정하기 좋은 기회인 것이다. 초장기에 취하는 조치가 판매 이후에 고객에게 서비스를 제공하는 마케팅과 판매 부서의 문화를 조성한다는 걸 잊지 마라.

▶ 반대유형 ❷ 고객 관리보다 리드 창출이 성장에 더 중요하다

혹자는 다음과 같은 말로 반대할 수도 있다.

"경영진은 서브스크립션이 성장하기를 원한다. 따라서 고객 마케팅보다는 리드 창출에 집중해야 한다."

이것은 오해이다. 앞서 언급했듯, 적어도 서브스크립션 모델에서는 신규 고객을 획득하는 것보다 기존 고객을 보유하고 발전시키는 편이 비용이 훨씬 덜 든다. 이탈을 효과적으로 줄이면 새롭게 확보하는 고객이 떠나는 고객을 대체하는 수준을 넘어서므로 성장이 가속화된다.

▶ 반대유형 ❸ 기존 고객 관리는 보상에 비해 부담이 크다

"하지만 마케팅 부서는 창출되는 리드에 따라 보상을 받고, 판매 부서는 순신규 판매에 따라 보상을 받는다. 아무도 기존 고객에 시간을 투자하고 싶어 하지 않는다."

이는 가장 무시할 수 없는 반론이다. 가치 키우기에 불리한 방식으로 시스템이 형성되어 있다. 그렇다면 시스템을 조정할 때가 왔다. 이 장의 도입부에서 다룬 여러 수치, 즉 이탈·보유·충성도·고객 수명 가치를 다시 살펴보자. 이 척도들을 더 폭넓은 기업 성과 수치로 통합할 방법을 모색하라. 이를테면 많은 고객 성공 전문가들이

충성도를 판매 보상의 유일한 기준으로 삼아 고객이 갱신할 때만 수수료 전액을 지급하는 방식을 추천한다. 장기적인 고객 관계와 가치의 문화를 조성하고 싶다면 목표에 어울리는 인센티브를 제공해야 한다.

어디서부터 시작할 것인가

당신은 이미 많은 기술을 확보했다. 파트 2의 전략 목록을 읽고, 경영 사례들을 살펴봤다. 그렇다면 지금 무엇이 가치 키우기 관행을 실시하지 못하도록 가로막고 있는가?

다른 사람들을 아직 설득하지 못했어도 가장 쉬운 전략을 선택할 수 있다. 고객 환영 계획과 고객 스토리 공유하기가 바로 그것이다. 이 전략들을 마케팅 계획에 도입하라. '먼저 행동하고 나중에 허락을 구하라'는 접근 방식을 선택했다면, 그 결과를 측정하고 추적해 활동을 확대하라.

기본 마케팅 관행에 가치 키우기를 추가하기 위한 몇 가지 방법을 소개한다.

마케팅 목록을 작성하라

선택한 전략 가운데 기존 마케팅 방식이나 관행과 무관하지 않은 것은 무엇인가?

현대 마케팅 전문가들은 매우 다양한 트렌드와 도구, 전략에 정통해야 한다. 마케팅 테크놀로지와 기술에 대한 모든 투자가 구독자 육성 전략에 영향을 미칠 것이다. 그래도 어떤 전략을 선택하도록 동기를 제공하는 것은 결국 고객이어야 한다.

첫 캠페인을 실시하는 경우라면 기존의 마케팅 기술과 장점을 발휘할 수 있는 전략을 선택하라. 기존의 콘텐츠 마케팅, 소셜미디어 마케팅, 마케팅 자동화 활동의 목록을 작성하라. 이런 활동을 확대해 첫 판매의 범위에 속하지 않은 고객과 쉽게 접촉할 방법을 찾아라.

콘텐츠 마케팅 자원을 창조하라

콘텐츠 마케팅의 핵심은 가망고객과 기존 고객이 원하고 필요로 하는 콘텐츠를 창조하는 일이다. 이는 콘텐츠를 통한 가치 부가하기 등 일부 전략의 추동 요인이다.

콘텐츠 마케터는 특성한 가망고객과 기존 고객의 요구를 충족시키는 콘텐츠를 창조할 때 체계적인 접근 방식을 적용한다. 이 관행을 택하려면 다음과 같은 요소를 이해해야 한다.

- 누구와 접촉하기 위해 노력하는가? 콘텐츠 마케터는 특정한 구매자 페르소나를 개발해 자신의 활동을 더욱 정확히 파악하고 표적을 정한다.
- 그들은 구체적으로 어떤 욕구와 의문을 가지고 있는가?
- 그 욕구를 충족시키기 위해 어디에서 도움을 구하는가?

이런 질문에 대한 답을 구했다면 고객이 여러분과 함께 거치는 여정의 각 지점에 유용한 자원을 창조하라.

판매 이후에 그들이 성공을 인식하게끔 돕는 것은 도를 넘는 일이 아니다. 가치 키우기는 여러분의 목표에 콘텐츠와 임무를 제공한다.

오로지 판매를 지원하는 일에 초점을 맞추기보다는 첫 판매 이후에 기존 고객에게 가치를 전달할 콘텐츠를 창조하라. 콘텐츠 마케팅 연구소의 설립자이자 《서사적인 콘텐츠 마케팅》의 작가 조 풀리치에 따르면 "고객이 더 오랫동안 더 행복하게 더 많이 소비하게 만드는 것이야말로 콘텐츠 마케팅의 가장 고상한 목표이다."

소셜미디어 마케팅으로 네트워크를 형성하라

구독자가 가치 있는 콘텐츠를 찾게끔 돕고, 사람들이 상호작용할 수 있는 커뮤니티를 만들고, 관계를 강화하는 등 소셜미디어는 마케팅 전략에서 한몫을 한다.

대부분의 기업이 소셜미디어 계의 빅 3 플랫폼, 즉 링크드인·페이스북·트위터를 사용한다. 유튜브에 동영상을 게시하거나 공식 슬랙^{기업메신저}팀을 구성하는 기업이 많다. 이 중에서 기업이 이용하기에 가장 '적절한' 소셜 네트워크는 무엇일까? 바로 자사의 고객이 가장 많은 시간을 보내는 네트워크이다.

그러나 소셜미디어를 사용하는 것만으로는 커뮤니티를 형성할 수 없다. 무엇을 하는지가 중요하다. 소셜미디어에서 큰 성공을 거둔 기업들을 보면 공통점을 발견할 수 있다. 고객이 가치 있다고 생각하는 혁신적인 캠페인과 전략을 실행한다는 것이다.

또한 소셜미디어를 이용하면 서브스크립션 중심 활동의 범위를 확대할 수 있다. 예컨대 오프라인 행사를 통해 공동체 의식을 기를 계획이라면 소셜미디어 네트워크를 통해 행사의 영향권과 범위를 넓힐 수 있다.

이메일 마케팅과 마케팅 자동화

이 같은 서브스크립션 기반 전략의 상당수가 이메일 마케팅과 마케팅 자동화를 이용해 대규모로 운영된다. 당신도 다음과 같은 방법을 채택할 수 있다.

- 구매하는 순간부터 드립 이메일drip email *같은 수신자에게 단계별로 이메일을 발송해 커뮤니케이션을 유도하는 방식—옮긴이 캠페인을 이용해 고객 확보 계획을 자동화하라.
- 마케팅 자동화를 이용해 구독자가 언제 고객 지원 게시판에서 시간을 보내는지 파악하라. 그런 다음 자동화 지원 계획을 시작하거나 고객 성공 관리자를 임명하라.
- 구독자의 사용 내용이나 핵심 기능의 채택 상황을 자동으로 추적하라. 표적을 정하고 개인화한 캠페인을 개시해 지금까지의 장애물을 헤쳐 나가게끔 이끌거나 채택을 권장하라.

당신의 첫 번째 가치 키우기 캠페인

기존 구독자를 대상으로 마케팅 활동을 전개하는 것이 낯설게 느껴진다면 소소하게 시작해서 범위를 확대하라. 한 가지 전략을 선택해 시범 프로그램으로 운용하고 결과를 평가하라. 마케팅의 초점을 기존 고객으로 옮기는 과정에서 이 첫 번째 캠페인이 일종의 리서치 같은 역할을 수행할 것이다. 이 프로젝트를 이용해 부서를 초월한 참여를 권장하고, 성과를 추적하는 프로세스를 개발하며, 어떤 것이 효과적인지 파악하라.

▶ 비용이 적게 드는 쉬운 프로젝트를 기존 구독자에게 초점을 맞추는 첫 번째 캠페인으로 선택하라

앞서 파트 2에서 다양한 가치 키우기 전략을 설명했다. 그 가운데 기존 마케팅 작업 및 전문 지식과 원만하게 어울리는 전략을 선택하라.

▶ 성공과 성공의 척도를 정의하라

선택한 캠페인을 바탕으로 구체적인 수치를 확인하라. 예를 들어 교육용 동영상이라면, 고객이 시청하기까지 클릭하는 횟수와 이 횟수 때문에 고객의 행동이 바뀌는지 여부를 관찰하라. 커뮤니티를 통해 가치를 형성하고 있다면 고객 참여를 주시하라. 총수입 성장과 고객 보유가 궁극적인 목표라면 즉시 관찰할 수 있는 수치를 선택하라.

전략을 실행하기 위한 변화 이끌기

▶ 시범 프로그램으로 실험하고 배워라

시범 프로그램을 이용해 메시지를 시험하고 어떤 전략이 특정한 고객 집단에 가장 효과적인지 파악하라.

예컨대 콘텐츠를 통해 가치를 부가한다면 다양한 포맷^{동영상, 논문이나 보}^{고서, 음성}을 시험하고 가장 큰 흥미를 일으키는 포맷을 확인하라. 이 메일을 발송하는 경우라면 제목란에 A/B 테스팅^{A/B testing}을 이용해 어떤 문제가 고객의 반응을 유발하는지 파악하라. 배우겠다는 의지를 가지고 이 과정에 접근하는 것이 중요하다.

당신의 가치 키우기 전략을 평가하고 최적화하라

시범 프로그램을 실시하는 동안, 그리고 그 이후 활동의 성과를 추적하라. 가치 키우기는 마케팅 시간과 자원을 놓고 리드 창출과 경쟁하기 때문에 효과를 입증할 준비를 해야 한다.

마케팅 초점을 첫 판매 이후까지 확대한다면, 성공 여부를 측정할 만한 적절한 수치를 채택할 필요가 있다. 앞 장에서 설명한 총수입이나 보유, 고객 충성도 등의 척도를 이용해 관련 수치를 바탕으로 성과를 추적하라. 이로써 가치 키우기의 효과를 입증할 수 있을 것이다.

물론 이탈과 충성도 등 평가에 영향을 미치는 요인은 다양하다. 개중에는 마케팅 캠페인 영역과 거리가 먼 요인도 있다. 뿐만 아니라 몇 달 동안 캠페인이 이렇다 할 성과를 거두지 못할 수도 있다. 마케팅 캠페인의 효과를 더 신속하게 평가할 방법을 모색하라.

예컨대 콘텐츠, 블로그 댓글, 소셜미디어 공유와 댓글, 클릭 연결, 혹은 콘텐츠 다운로드로 고객 참여를 추적할 수 있다.

다음과 같은 고객 행동과 캠페인을 연결시킬 수도 있다.

- 특정한 특성의 사용 증가
- 채택 증가 이를테면 어떤 기업의 열성 사용자 수 증가
- 기존 고객의 소개

어떤 전략을 선택하든 간에 전반적인 목표를 기준으로 성과를 평가하라.

단계별로 전략을 실행하라

얼마나 많은 가치 키우기 전략을 전개할 것인가? 기업과 고객에게 맞는 전략을 최대한 많이 전개하라. 파트 2에서 설명한 전략들은 서

로 연관되어 있다. 구독자의 관점에서 보면, 우선 한 가지를 시작해서 다음 단계로 넘어가는 것도 방법이다.

가령 기존 고객들에게 고객 스토리를 보내기로 결정했다고 하자. 당신은 대표성을 띠는 스토리, 또는 가치가 높은 사용 사례와 관련된 스토리를 구독자에게 보낼 것이다. 자, 이제 가치 키우기 전략 목록에서 한 항목을 지울 수 있게 되었다.

그다음에는 고객의 시각으로 살펴보자. 당신이 보낸 스토리를 본 구독자는 그와 똑같은 방식으로 솔루션을 사용할 수 있는지 알고 싶을 것이다. 어떤 종류의 추가 콘텐츠를 제공해 구독자를 이끌 수 있을까?

만약 소프트웨어를 판매하고 있다면 고객 성공팀과 협력해 질문에 답하거나 사용법을 제시하는 후속 콘텐츠를 제작하라. 동영상이나 온라인 교육, 혹은 유명한 고객이 등장하는 웨비나를 마련하라. 다음 단계로 넘어가는 과정을 지원하라. 그러면 가치 키우기의 달인이 되는 길로 접어들게 될 것이다.

조직적인 지원을 확립하라

서브스크립션의 성공에 있어 마케팅이 중요한 요소이긴 하지만, 전부는 아니다. 고객이 성공을 이해하고 실현하게끔 도우려면 판매, 청구서 작성 및 회계, 운영, 컨설팅, 훈련, 배송, 고객 성공, 고객 지원 등 기업의 여러 집단이 참여하고 협력해야 한다.

영화 〈죠스 Jaws〉의 유명한 대사를 다른 식으로 표현하자면 "우리는 더 큰 마케팅 보트가 필요할 것이다."

유능한 서브스크립션 마케터는 조직 전체의 구성원과 협력한다.

전략을 실행하기 위한 변화 이끌기

고객 경험은 누구의 소유인가?

가치 키우기의 핵심 관행들은 마케팅 부서를 넘어 확대되어야 한다. 서브스크립션의 성공을 위해 마케터는 고객 성공팀이나 조직의 다른 부서와 협력할 필요가 있다. 그 결과 모든 조직 구성원이 고객 경험에 책임을 진다.

고객의 관점에서 볼 때 기업은 단일 조직이다. 물론 고객은 수많은 사람이 회사에서 일하며 주문 처리나 지원이 아니라 청구서 발행을 위해 여러 사람과 상호작용한다는 사실을 안다. 직원들이 자신의 이름으로 이메일에 서명할 수도 있다.

그래도 고객은 어느 정도 일관성을 기대한다. 여러분의 경험을 생각해보라. 어떤 회사의 두 직원으로부터 상반되는 답변을 받고 짜증스러웠던 적이 있지 않은가? 구매 이후 며칠이나 몇 주 동안 태도가 미묘하게 변했다고 느낀 적이 있는가? 전화나 이메일에 대한 답변은 신속하게 오는가?

서비스 단절을 경험하거나 다른 집단으로부터 상반되는 이야기를 들었을 때는 또 어떤가. '부서 사이에 커뮤니케이션 문제가 있군'이라고 너그럽게 생각하는가?

십중팔구 그렇지 않을 것이다. '혹시 지금 바가지를 씌우고 있는 게 아닐까' 아니면 '그리 유능한 사람들이 아닌 것 같아. 믿어도 될지 확신이 서지 않는다고 생각할 것이다.

아직 회사에 대한 무조건적인 믿음이 없다면 고객은 대개 최악의 결론을 서둘러 내릴 것이다.

정보 전달이 제대로 되지 않을 때마다 신뢰에 금이 간다.

고객 성공팀과의 협력은 필수이다

사내에 고객 성공 관리Customer Success Management, CSM 부서가 있는가? 그렇다면 가치 키우기 전략을 실행하려고 노력하는 마케팅팀이 가장 먼저 찾아야 할 곳이 바로 이 조직일 것이다. 초기 구독자 경험을 겨냥한 관행은 대개 고객 성공팀의 소관이다.

마케팅 부서와 고객 성공 부서는 절친한 친구이거나 가까운 협력자가 되어야 한다. 그렇지 않으면 원치 않는 일이 일어날 것이다.

고객 성공 관리 분야는 최근 몇 년 동안 특히 B2B와 소프트웨어 기업에서 급성장했다. 고객 성공 협회Customer Success Association 웹사이트에 게시된 정의에 따르면 고객 성공 관리는 "반복총수입 모델 기업의 필요를 충족시키기 위해 마케팅, 판매, 전문 서비스, 훈련을 한 가지 전문 분야로 통합한 것"이다.

이 정의에 의하면 고객 성공팀은 마케팅에 책임이 있다.

개인 고객 성공 관리자는 흔히 소규모 회계 집단과 협력해 개인화된 지원을 제공한다. 그러나 이 개인적인 접근 방식이 수만 명의 구독자에게 모두 효과적인 것은 아니다. 대규모로 운영하기 위해 고객 성공팀은 전통적인 마케팅 테크닉을 도입한다. 이 과정에 기존 마케팅 조직과 협력하거나 직접 마케팅 역량을 기른다.

이리트 아이지프스Irit Eizips는 다양한 산업의 고객 성공팀과 협력하는 컨설팅 회사인 CSM 프랙티스CSM Practice의 최고 경영자이다. 고객 성공팀이 규모 조정이라는 도전을 처리하는 여러 가지 방식을 직접 관찰한 그녀는 다음과 같이 말했다.

"여러분의 구독자가 수만 명에 이르면 개인화된 하이터치 방식으로 채택과 옹호에 영향을 미칠 수 있을 만큼 충분히 CSM을 고용하기 어려울 것입니다. 마케팅 배경이 있는 사람이 필요하죠."

이따금 마케팅팀과 고객 성공팀은 훌륭하게 협력한다. 마케팅팀은 고객 성공팀과 협력해 캠페인을 구성하고 채택을 지원하며 옹호를 이끌어낸다. 하지만 조직의 장벽과 예산 제약이 협력에 걸림돌이 될 수 있다.

예컨대 리드 창출을 기준으로 마케팅 인센티브를 제공하는 팀이라면 기존 고객 기반을 키우는 일에 예산을 할당할 가능성이 적을 것이다. 마케팅이 진행되지 않으면 고객 성공팀은 내부의 조직 전문가

를 고용해 대규모 구독자에게 접촉하고자 이메일 자동화 캠페인을
실시한다.

이따금 고객 성공팀은 별도의 이메일 마케팅이나 마케팅 자동화
소프트웨어를 이용해 고객 데이터의 사일로_{조직에서 다른 부서와 소통하지 않고 내부}
의 이익만을 추구하며 만드는 폐쇄적 집단을 표현하는 말 - 옮긴이를 만들고 상호작용한다.

하지만 사일로는 결코 고객이나 _{장기적으로는} 기업에 이롭지 않다.

아이지프스는 많은 기업이 마케팅과 고객 성공 부서의 협력을 도
모하는 것이 중요함을 인식하고 있으며, 그에 따라 상황이 점차 변화
하고 있다고 생각한다.

고객 성공팀과 마케팅팀은 지속적인 서브스크립션 경험을 위해 다
음과 같이 다각도로 협력할 수 있다.

- 서브스크립션 기반에 성공적인 사용 사례를 확인하고 권장하기
- 고객 가운데 잠재적인 옹호자를 확인하고 지원하기
- 특성이나 솔루션 채택을 위한 이메일 기반 '플레이북' 만들기
- 자동화 이메일을 발송해 온보딩 완료 같은 고객 여정의 이정표 표시하기

이메일을 위한 협력처럼 간단한 활동부터 시작할 수 있다. 이메일
캠페인이나 마케팅에 속하지 않는 고객 행사 등을 고객 성공팀이 개

최함으로써 어조와 문체, 메시지의 일관성을 유지하는 것이다. 혹은 마케팅 부서에서 구독자에게 발송하는 새로운 특성의 안내문을 고객 성공 관리자에게 제공할 수도 있다. 이런 협력은 모든 사람에게 이롭다. 고객 성공팀은 계속 고객과 1차적으로 접촉하는 한편, 고객은 아는 사람이 보내는 이메일을 열어서 읽고 이메일의 내용대로 실천할 가능성이 높아진다. 아이지프스가 발견한 바에 따르면, 고객 성공팀의 이메일 주소로 웨비나에 참석하라는 초대장을 보내면 이를 열고 웨비나에 참석할 확률이 더 높았다.

조직 구조를 유연화하라

여러모로 스타트업은 성공적이고 장기적인 서브스크립션 관계를 형성할 수 있는 가장 쉬운 길을 확보하고 있다. 수년 동안 굳어진 조직의 경계들을 돌파할 필요가 없기 때문이다.

스타트업에서는 누구나 여러 임무를 맡고 서로 친분을 쌓는다. 대부분 사무실이 협소하니 그럴 수밖에 없다. 구성원들은 위기부터 축하에 이르기까지 모든 소식을 직접 듣는다. 목표를 공유하는 것은 당연하고, 물리적으로 가까우니 전통적인 경계선을 넘어서 협력하며 고객에 대한 견해를 지속적으로 공유하기 쉽다.

하지만 성장하면서 팀과 집단을 재구성하다 보면 영역 싸움이 시작될 수 있다. 따라서 여러 집단이 서로 협력하는 문화를 조성하는 것이 가장 바람직하다.

기존 조직에서는 팀의 운영 방식을 조정하기가 어려울 수 있다. 그러나 내가 목격한 바로는 고객 이탈을 방지하고 보유율을 지속적으로 유지하고자 이 같은 업무를 훌륭하게 수행하는 대기업이 실제로 존재한다. 이런 미래지향적인 기업은 다음의 방법을 통해 지속적인 가치 키우기와 서브스크립션의 성공을 위한 구조적 토대를 마련한다.

▶ 다른 부서에 마케터 파견하기

전시에 파견 기자는 전 세계에서 전선의 상황을 보도한다. 고객 충성과 옹호를 얻기 위해 싸우는 전쟁터에서는 파견 마케터가 단순히 보도하는 데 그치지 않고, 고객의 피드백을 수집하고 고객 만족 스토리를 창조하는 과정에 적극적인 역할을 수행할 수 있다.

예를 들어 고객 성공팀에 파견된 마케터는 대규모의 구독자를 기반으로 마케팅 메시지와 일치하는 '로우 터치' 캠페인을 만듦으로써 고객 성공 활동을 도울 수 있다.

▶ 부서 간 협력 활동을 강화하는 방법

기업 조직도에서 고객 성공팀은 어느 위치에 속하는가? 이 팀은 판매 부서장에게 보고하는가, 아니면 마케팅이나 고객 지원 부서장에게 보고하는가? 고객 성공팀은 총수입 창출이나 코스트 센터^{cost center *원가 부문을 세분한 원가 관리 단위로, 원가 중심점이라고도 한다—옮긴이}로 생각되는가?

한 가지 정답은 존재하지 않는다. 확실한 것은 마케팅과 고객 성공이 조직의 다른 영역에 속할 경우 협력해서 활동하기 어려우리란 사실이다.

일부 기업은 총수입에 집중하는 임원 수준의 직책인 최고 총수입 책임자^{Chief Revenue Officer}를 임명해 이 문제에 대처한다. 서브스크립션 기반 기업에서 고객 성공은 전반적인 총수입에 중대한 영향을 미치며 따라서 총수입 영역에 속할 것이다.

이런 방식으로 고객 성공팀의 일원을 마케팅팀 회의나 이니셔티브에 참여시키면 마케팅과 고객 성공 사이의 관계가 강화되어 판매이후 고객을 육성하는 문화를 조성할 수 있다.

▶ 서브스크립션에 맞춰 인센티브 조정하기

조직 변화를 앞당기는 가장 좋은 방법은 인센티브 구조를 검토하는 것이다. 인센티브는 기업 문화와 가치를 입증하는 강력한 선언문이다.

오로지 순신규 판매를 기준으로 마케팅 부서에 보상을 제공한다면 결국 그들은 순신규 판매에만 초점을 맞추고 기존 고객은 배제시킬 것이다.

부서마다 각기 다른 수치가 아니라 고객 경험을 성과 인센티브와 척도의 기준으로 삼는 방안을 고려하라. 예를 들면 다음과 같다.

- 고객이 구독을 유지한 기간을 토대로 판매 보상을 제공한다.
- 순신규 판매뿐만 아니라 고객 충성도와 보유율로 마케팅 성과를 평가한다.
- 고객의 계정은 물론이고 고객 보유와 옹호를 토대로 고객 성공팀에 인센티 브를 제공한다.

팀원들과 협력해 자사를 위한 효과적인 인센티브 구조를 결정해야 한다. 고객 경험을 겨냥한 목표에 초점을 맞추고 부서 간의 협력을 강화하라.

프로세스에 변화를 줘라

구조를 변화시키려면 고위급이 헌신적으로 참여해야 한다. 조직 변화가 서브스크립션 마케팅을 성공시키는 유일한 방법은 아니다.

'당신의 삶을 해킹하는 방법how to hack your life'이라는 제목의 여러 글을 읽고, 자사의 프로세스를 해킹함으로써 지속적인 가치 키우기를 지원할 방법을 모색하라. 규모와 유형을 막론하고 어떤 기업이든 상관 없다. 업무 프로세스에 소소한 변화를 주는 방법들을 창의적으로 고민해보라. 그러면 조직 전체의 태도가 크게 변화할 것이다. 모든 기업에 효과적일 만한 몇 가지 전략을 살펴보자.

▶ 특정한 목표를 위한 소규모 교차협력팀을 만들어라

당신이 머릿속으로 하는 생각이 들리는 듯하다. '다른 위원회의 일원이 되거나 또 다른 회의를 개최하고 싶어 하는 사람은 없다.' 하지만 고객 경험은 조직의 여러 부서와 관련이 있으니 다양한 집단의 사람들이 참여해야 한다. 영구적인 정식 집단을 구성하고 싶지 않으면 다음과 같이 가치 키우기와 관련된 특정 목표를 전담하는 팀을 소집하라.

- 온보딩이나 고객 환영 계획

- 새로운 특성 발매

- 고객의 목소리 / 고객 피드백

▶ 다른 부서의 그림자 동료로 일하게 하라

신입 사원 훈련의 한 과정으로 이 방법을 이용할 수 있다. 마케팅 팀의 신입 사원이 구독자 문제와 고객 경험에 대해 감을 잡을 수 있도록 고객 성공, 판매, 주문 처리 담당 관리자와 각각 일주일 동안 일할 기회를 제공하라. 반드시 일주일이 아니어도 무방하다. 하루 몇 시간만으로 충분할 수도 있다.

적어도 한 번씩 모든 직원을 로테이션에 참여시키고 기업 환경이 바뀌면 재직자 훈련을 계획하라.

▶ 팀 회의에 다른 부서원을 초청하라

가치 키우기 이니셔티브를 시행한다면 계획 과정 초기에 타 부서원들을 초청해 의견을 구하라. 고객 성공이나 지원, 혹은 판매팀의 통찰력에서 도움을 받을 수 있다. 이 방법은 협조와 승인을 구하는 데도 좋다. 계획 초기부터 정보를 제공하지 않고 막바지에 승인해달라고 요청하면 커뮤니케이션 문제가 악화될 수 있다.

사고방식을 리셋하라

가치 키우기를 포함한 성공적인 서브스크립션 마케팅은 고객에게 끈질기게 초점을 맞추는 태도에서 시작된다. 자사 고객 기반에서 옹호를 얻어내기 위해서는 여러분도 고객의 옹호자가 되어야 한다.

모든 마케터가 판매 이후에도 구독자를 생각해야 하듯, 모든 고객 서비스 관리자는 마케팅적 사고방식을 유지해야 한다.

서비스로켓ServiceRocket은 소프트웨어 회사를 위해 고객 성공 및 채택률을 높이는 훈련 프로그램을 제공한다. 이 회사의 고객 마케팅 책임자 사라 E. 브라운Sarah E. Brown은 "판매 이후란 존재하지 않습니다"라고 말했다. 그녀는 고객 정보를 수집하고 '고객의 목소리' 리서치를 수행할 때면, 마케팅 업무를 맡고 있는 자신의 모습을 머릿속에 그린다. 서비스로켓은 기존 고객과 가망고객을 대상으로 웨비나를 개최해 가망고객이 기존 고객의 질문과 경험에 귀를 기울일 기회를 제공한다. 브라운에 따르면 웨비나, 팟캐스트, 무엇이든 물어보는 시간Ask Me Anything, AMA등 여러 활동을 통해 기존 고객에게 가치를 제공하는 한편, 가망고객에게 서브스크립션의 가치를 더욱 정확히 이해시킬 수 있다.

사무실 설비를 이용해서 관심의 방향과 사고방식을 바꿀 수도 있다. 언바운스Unbounce는 마케터들을 위한 효과적인 랜딩 페이지키워드나 배너 광고 등으로 유입된 인터넷 이용자가 다다르게 되는 마케팅 페이지—옮긴이를 제작하는 소프트웨어 플랫폼이다. 언바운스의 고객 성공 담당 부사장 라이언 엔젤리

Ryan Engeley는 고객 경험과 보유에 정확하게 초점을 맞추며 회사의 나머지 부서에서 고객을 대변하는 옹호자이다. 그의 고객 성공팀은 자동화한 시각적 대시보드를 제작해 고객 경험에 대한 데이터를 제공한다. 그들은 캐나다 밴쿠버에 위치한 본사의 각 층마다 공용 구역을 만들어 대시보드를 설치했다.

그리고 한 대시보드에는 회사에 제출되었거나 트위터에서 발견된 의견 등 서비스에 대한 고객의 발언을 게시했다. 이는 고객이 직접 전달한 구독자 경험이다. 또 다른 대시보드 화면에는 고객 수, 언바운스 페이지를 통해 발생한 전환 횟수, 열성 사용자, 충성도 점수 등 서비스와 관련된 핵심 성과 지표^{Key Performance Indicators, KPIs}가 꾸준히 업데이트된다. 이 화면들은 큰 폰트와 밝은 색상을 이용해 눈길을 끈다. 언바운스의 모든 직원에게 고객은 직장 안에 존재하는 것이나 마찬가지다.

최후의 수단 : 전통적인 접근으로 변화시키기

성공적인 서브스크립션 기업으로 나아가기 위해서는 이 같이 상부에서 시작해 말단에 이브기까지 회사 전체가 경계선을 초월해 이니셔티브를 관리하려고 헌신해야 한다. 그렇지 않을 경우, 개인적인 관계를 통해 조치를 취할 수 있다. 마케팅 부서의 직원이라면 고객 성공 관리자와 친분을 쌓아라. 관리자를 방문하고 회의를 참관하며 그에게 필요한 것이 무엇인지 질문하라. 월에 한두 번 점검 시간을 정하거나 밖에 나가서 커피를 마셔라. 점심을 함께 먹지 못하게 막을 사람은 아무도 없다.

행동하기 전에 허락받는 것보다 행동한 후에 용서를 구하는 편이 쉽다는 옛 속담을 기억하는가? 이 속담은 우리의 업무에도 적용된다. 나는 고객 성공 관리 소프트웨어 제공업체인 토탱고Totango가 운영하는 한 회의에서 고객 성공 관리자 집단과 이 문제를 놓고 논의했다. 한 참석자가 다양한 부서로부터 협력을 얻어내는 본인의 접근 방식을 설명했다.

"상의하달을 기다리지 않고 전 부서와 접촉하는 편이 이따금 가장 쉽습니다. 그리고 내가 직접 그런 역할을 맡았죠."

경계선을 초월해 접촉하는 "그런 사람이 되기" 위해 나서는 사람이 충분하다면 마침내 마케팅 부서를 넘어 전사적으로 가치 키우기 문화가 조성될 것이다.

기업을 좀먹는 흔한 실수들

지난 수년간 나는 구독자와 관찰자, 팬, 그리고 이따금 자문으로서 여러 서브스크립션 기반 기업과 상호작용했다. 이런 상호작용에는 특정한 패턴이 반복된다. 이번 챕터에서는 일반적인 질문과 도전, 반론과 문제를 제시할 것이다.

이 같은 문제들을 훑어볼 때는 다음 전제를 명심해야 한다. 첫 가입이 끝난 다음 기업의 핵심 과제는 신뢰를 유지하고 가치를 키우는 일이다. 고객의 신뢰를 저버리거나 가치를 좀먹는 행동은 서브스크립션 기업에 해로울 것이다.

흔히 기업이 실수를 저지르는 것은 사사의 목표에만 초점을 맞추고 고객의 목표를 잊기 때문이다. 신뢰를 유지하고 가치를 키우면 고객은 계속 머물며 기업이 성장하도록 도울 것이다.

서브스크립션 기업이 성공하기 위해서는 구독자와 장기적인 관계를 맺어야 한다. 누구나 익히 알듯이 고객 관계는 호락호락한 문제가 아니다. 어떤 사람은 변화를 좋아하지 않는다. 그런가 하면 요구가 많은 사람도 있다. 이와 같은 고객의 니즈에 대처하는 한편, 자사의 이익을 충족시켜야 서브스크립션에서 성공을 거둘 수 있다.

이것은 결코 쉬운 일이 아니다. 그러나 최소한 자신의 발목을 자신이 잡아 실패의 구렁텅이로 이끄는 일은 없어야 한다. 우선 가장 터무니없는 문제, 즉 사악한 의도를 가진 서브스크립션 기업의 사례부터 살펴보자.

구독자를 속이거나 함정에 빠트리는 경우

이따금 나는 마치 악취가 나는 물건과 맞닥뜨리기라도 한듯, 서브스크립션에 대한 부정적 감정을 숨기지 않는 사람들을 만나곤 한다. 이들은 구독자를 이용하거나 반복 결제 뒤에 몸을 숨기는 비윤리적이고 태만한 기업을 경험한 사람들이다.

실제로 이런 기업들이 서브스크립션 마케팅의 '어두운 곳'에 존재한다. 다음과 같은 기업들을 직접 경험하거나 그들에 관한 소문을 들은 적이 있을 것이다.

- 결코 취소할 수 없는 유선 방송 서브스크립션, 이른바 '호텔 캘리포니아Hotel California' 사업 모델
- 일단 가입하면 남은 평생 빠져나올 수 없는 레코드 클럽이나 북 클럽
- 가입 이후 아무런 소식이 없어서 까맣게 잊어버리고 있었는데 어느 날 청구서에서 발견된 깜짝 구독료

어떤 기업은 무심한 구독자로부터 최대한 많이 얻어내는 것이 목표인 서브스크립션 모델을 이용한다. 사람을 속이거나 혼란스럽게 만들거나 혹은 당황스럽게 만들어 서비스의 대가로 더 많은 돈을 지불하게 만들려고 노력한다. 단기적으로는 이런 기업이 대개 돈을 번다. 반면 장기적으로는 구독자의 신뢰를 잃으며 그 결과 실패를 경험하게 된다.

크게 보면, 고객들이 이러한 부정적인 경험을 하는 탓에 모든 서브스크립션 기업이 가야 할 길은 더 험난해진다.

서브스크립션의 성공을 원한다면 고객에게 지속적인 가치를 제공한다는 개념에 전념하라. 고객에 대한 경제적 가치EVC 개념, 즉 고객이 경험하는 유형 가치와 무형 가치의 결합이라는 개념을 다시 떠올

려보라. 구독자의 경험을 향상시키면 궁극적으로 기업이 제공하는 솔루션과 나아가 기업의 가치가 커질 것이다. 가치는 제로섬 게임^{한쪽의} 이득과 다른 쪽의 손실을 더하면 제로(0)가 되는 게임을 일컫는 말 — 옮긴이이 아니다.

서브스크립션 기업에서 고객 가치는 기업 가치를 낳는다.

'어두운 곳'으로 기업을 이끄는 힘은 매우 강하다. 머릿속에서 유혹의 말을 속삭이는 목소리가 들릴지 모른다. 물리쳐라!

당신의 회사가 지금 어두운 곳으로 향하고 있다면 그 사실을 어떻게 알 수 있을까? 고객이 잘못된 결정을 내리고 가장 중대한 이익을 놓치는 바람에 사업 모델이나 총수입 예상치가 좌우되지는 않는지 주의를 기울여라. 예를 들어 다음과 같이 행동하고 있다면 조심해야 할 때다!

- 가입한 사실을 잊어버린 고객에 대한 의존도가 높은 상태이다. 갱신 시기가 다가올 때까지 고객과 상호작용하지 않으려고 조심한다.
- 사람들이 실제로 사용하는 서비스보다 높은 수준의 서비스를 서브스크립션할 것이라는 예상을 토대로 총수입을 가정한다.
- 1회성 서비스를 원하는 사람들에게 지속적으로 구독을 강요하고 그들이 무관심하거나 타성에 젖어 취소를 미루기를 바란다.
- 구독과 갱신은 자동화하는 반면 취소는 지연과 강요가 난무하며 어렵고 시

간이 많이 드는 과정으로 만든다.

당신의 전략이 이런 생각들에 전염될 때, 반드시 이를 감지해야 한다. 당신이 느낀다면, 당신의 고객들도 틀림없이 인지하고 있을 것이다. 잠재 고객과 기존 구독자들은 지금껏 고객을 속이거나 함정에 빠트리려고 애쓰는 다른 기업들을 이미 목격했을 것이다. 그들은 자신의 과거 경험과 비교하며 사악한 의도의 징후를 찾을 것이다. 이 단계에 이르면 신뢰를 잃게 되고, 관계를 유지하기가 어려워진다.

당신의 회사가 가치 형성과 전달을 토대로 삼아 사업 모델을 수립했다고 가정하고, 이번에는 실행 과정에서 하기 쉬운 실수와 맞닥뜨리게 되는 도전으로 넘어가자. 의심하는 구독자의 눈에는 사소한 실수조차도 나쁜 징후로 읽힐 수 있다.

조직의 사일로가 고개 관계를 파괴하도록 방치하는 경우

서브스크립션 기업으로 이행하는 과성에서 생기는 대부 분의 문제에는 한 가지 중대 원인이 있다. 그것은 조직의 사일로와 장벽의 존재이다.

흔히 기업 내부에서는 이런 문제를 감지하기 어렵다. 예를 들어, 마케터는 고객 성공팀과 구독자의 상호작용을 볼 수 없다. 혹은 마케팅 부서에서 한 약속이 주문 처리를 담당하는 사람들에게까지 전달되지 않을 수도 있다.

이 같은 단절은 서비스 중단이나 장애를 초래한다. 구독자는 회계와 지원팀에 이르기까지 설명을 되풀이하거나, 문제를 추적해야 한다. 문제가 심각해지면 트러블 티켓^{조직 내에서 특정한 유형의 문제를 탐지하고 보고하며 해결하기 위해 이용하는 메커니즘을 일컫는 말―옮긴이}이나 불만 사항에 등장한다.

구독자와 상호작용할 때의 접근 방식, 메시지를 바꾸는 것과 같은 사소한 문제는 더욱 감지하기가 어렵다. 구독자는 세련되고 재미있으며 명쾌한 마케팅 메시지, 예를 들면 "우리는 당신에게 관심이 있습니다" 같은 메시지를 보고 상품을 구독했는데 그다음에는 어렵고 관료적인 온보딩이나 주문 처리 과정이 따르는 식이다. 지원 과정에서 심각한 문제를 겪고 있어서 잔뜩 짜증이 난 구독자에게 경쾌한 어조의 상향 판매 메시지^{"업그레이드를 통해 더 많은 서비스를 받아보세요!"}가 도착하기도 한다.

고객은 이런 부분에서 문제를 느끼지만, 기업은 그렇지 않을 수 있다. 고객이 구독을 결정했다고 해서 마케팅이 손을 떼버리면 이런 단절과 장애가 증가하게 된다. 여러 독립된 부서가 제각기 고객과 대화를 나누면서 아무도 구독자의 전반적인 경험을 추적하지 않을 수 있다. 유능한 서브스크립션 마케터가 되기 위해 타 부서원들과 꾸준히 협력해야 하는 이유이다.

고객 데이터를 경솔하게 이용하는 경우

고객에게서 수집한 데이터는 가치 키우기를 위한 훌륭한 원천이다. 사용 데이터를 개별 고객에게 전달하거나 데이터를 종합해 전 세계에 공유할 수 있다.

하지만 명심하라. 이른바 빅데이터는 개인 정보의 방대한 모음이다. 개인의 행동이 데이터를 창출한다. 구독자의 프라이버시를 침해하는 사소한 정보가 흘러나가지 않게끔 조심하라.

고객 데이터에 내포된 위험을 살펴보면 다음과 같다.

- **고객 데이터가 누설되도록 방치하는 방만한 보안**

- **개별 구독자 정보의 부적절한 공유** : 데이터를 익명으로 유지하기 위해 노력하지 않으면 특정한 개인의 것으로 추적할 수 있는 데이터를 누설할 수 있다. 특히 재무 정보가 포함된 데이터라면 긱별히 조심하라. 해커가 교차 참조를 통해 실제 신원을 알아낼 수 있다.

일반적으로 고객이 '어떻게 나에 대한 정보를 알고 있지?'라고 당혹스러워할 수 있는 것이면 무엇이든 피하라. 리타겟팅 광고^{광고주의 웹사이트} 혹은 웹사이트의 특정 페이지를 열람한 경험이 있는 고객에게 다시 광고를 보여주어 재방문을 유도하는 방식 ─옮긴이^가 한때 이 범주에 속했으나, 이제는 많은 사람이 이런 광고에 무뎌졌다. 그렇다 해도 구독자 정보를 파트너와 공유하기 전에 신중하게 생각하고 데이터 사용과 공유에 대한 지방 정부의 규정을 준수할 필요가 있다.

구독자에게 직접 서비스를 제공하거나 가치를 추가하는 일을 제외하고, 다른 목적으로 구독자 정보를 이용하려 한다면 먼저 동기를 살펴라. 기업의 명성이나 영예를 위한 것인가, 아니면 구독자의 이익을 위한 것인가?

비록 선의였지만 ^{데이터 누설 같은} 최악의 상황이 일어날 경우에는 은폐하려고 애쓰지 마라. 문제를 인정하고 바로잡음으로써 재빨리 신뢰를 되찾기 위해 움직여라.

스타트업의 저주에 걸린 경우

서브스크립션 청소 서비스인 홈조이^{Homejoy}는 실리콘밸리의 신화에 가까운 Y 콤비네이터^{Y Combinator} 인큐베이터에서 출범해 비교적 빠른 속도로 성장했던 기업이다.

2012년 처음 서비스를 시작한 이 회사는 고객을 유치하고 저렴한 할인 가격을 제시함으로써 급속도로 발전했다. 연구 기관 크런치베이스Crunchbase에 따르면 2013년 3~12월의 홈조이의 매출은 6,000만 달러가 넘었다.

2014년 7월 홈조이는 폐업했다. 지지부진한 청소 서비스 산업에서 급성장하던 기업의 갑작스러운 종말이었다.

폐업 당시 이 회사는 서비스를 제공하던 독자적인 계약업체들의 소송에 시달렸다. 그러나 이것은 실패의 직접적인 원인이 아니었다. 〈포브스〉의 취재에 따르면, 더 심각한 문제는 고객 보유에 있었다.

익명의 직원에 따르면 홍보 요금으로 가입한 고객 가운데 계속 머문 사람은 거의 없었다. 보유율은 끔찍했다. 성장을 추구하는 과정에서 고객 보유를 무시했거나 심지어 해를 끼친 것이다.

이것이 투자자금을 충분히 확보한 스타트업이 투자가들에게 증명하려고 노력하는 '스타트업의 저주'이다. 스타트업은 성장을 추구하다가 대개 보유를 무시한다.

서브스크립션 박스 기업을 시작한 한 창립자는 자신이 처한 상황을 이런 식으로 표현했다.

"고객을 육성한다는 개념은 훌륭합니다. 하지만 나는 지금 당장 신규 고객을 확보하는 데 집중해야 합니다. 가치 키우기에 대해서는 나중에 생각하겠습니다."

구독자에게 초점을 맞추지 않는 스타트업에게 '나중'은 결코 오지 않을지 모른다.

모든 스타트업은 성장과 보유와 관련하여 두 가지 중대한 현실을 인정해야 한다. 첫째, 아무리 신규 회원을 모집한다 해도, 결코 '충분한' 신규 리드나 고객을 얻었다고 느낄 수 없으리란 점이다. 성장함에 따라 '충분함'의 기준은 조정되기 때문이다. 둘째, 보유가 성장의 필수 요소란 사실이다. 성장하기에 앞서 현상을 유지하려면 구독자 한 명이 떠날 때마다 대체 구독자를 찾아야 한다. 만족한 고객은 리드와 소개, 즉 성장 엔진의 최고 원천이 된다.

스타트업의 성장통은 피할 수 없는 것이 아니다. 슬랙은 홈조이가 폐업하던 시기와 거의 비슷한 2013년 여름에 창업했다. 슬랙의 평가액은 기록적인 기간 내에 10억 달러에 이르렀다. 이렇게 성공을 거둔 이유는 이 회사가 처음부터 고객에게 가치를 제공하는 일에 초점을 맞추었다는 점과 무관하지 않다. 슬랙의 사용자들은 슬랙의 판매와 마케팅 직원이 되었다.

그로스 해킹 전략에 관심이 있다면 아무리 작은 규모라 할지라도 당신의 회사가 구독자에게 제공하는 가치를 오랫동안 찬찬히 살펴보라. 문화에 가치 키우기를 정립할 최적의 시기는 바로 출발 시점이다.

구독자로부터 가치를 빼앗는 경우

심리학자나 행동 경제학자라면 누구나 인간은 손실을 싫어한다고 말할 것이다. 우리는 이미 가진 무언가를 포기하는 것을 싫어하며 손실을 피하기 위해 각별히 노력한다. 서브스크립션 기업은 고객과 관련하여 이 사실을 기억해야 한다.

회사가 성장하고 진화함에 따라 여러분은 변화할 것이다. 가능하면 고객이 손실이라고 인식할 수 있는 변화를 피하라.

이를테면 일부 회사는 프리미엄freemium 모델로 출범한다. 이는 대부분의 사람들에게는 무료 서비스인 반면 다른 사람들에게는 프리미엄premium인 모델이다. 그러나 그들에게는 규모를 키우기 위한 계획이 없다. 무료 서비스 사용자는 서비스를 좋아하고 입소문을 내며 그 결과 회사는 급성장한다. 자사의 성공에 오히려 발목을 잡힌 회사는, 만족한 모든 사용자가 기꺼이 유료 버전으로 업그레이드하리라 짐작하고서 무료 버전에 포함했던 기능을 뺀다. 어쨌든 지금껏 공짜로 그 성능을 사용하지 않았는가?

하지만 이전에는 만족했던 구독자는 몇 달 혹은 몇 년 동안 무료로 사용한 것에 고마워하기보다는 배신당하고 속았다고 느낀다. 그 바람에 업그레이드하지 않을 사람이 많을 것이다. 몇몇 사람은 소셜 미디어에서 기업의 탐욕에 대해 떠들썩하게 불평한다.

전략을 실행하기 위한 변화 이끌기

가격 책정 모델을 바꾸는 시기에도 이와 비슷한 문제에 부딪칠 수 있다. 넷플릭스는 가격을 인상할 때마다 저항에 직면한다. 기억하자. 모든 사람은 손실을 혐오하며, 이미 얻은 것을 소중히 여기기보다는 빼앗길 것을 두려워한다. 이것이 인간의 성향이다.

사람들이 무료로 받은 무언가에 대해 권리가 있다고 느끼기까지는 그리 오랜 시간이 걸리지 않는다. 그 무언가를 빼앗기면 우리는 속았다고 느낀다. 손실의 고통 때문에 판단이 흐려지는 것이다.

이 이야기의 교훈은 다음과 같다. 첫째, 프리미엄 freemium 모델을 선택한다면, 그것은 반드시 성장하는 내내 유지 가능한 모델이어야 한다. 둘째, 가격 책정 모델이나 서비스를 바꾸어야 한다면 그것이 고객 입장에서 손실로 인식되지 않도록 노력하라. 예컨대 가격을 인상한다면 가격 인상과 동시에 혜택을 추가함으로써 그 상황을 손실이 아니라 잠재적인 이익으로 제시해야 한다.

가격 책정의 복잡성으로 인한 실패

가격 책정은 서브스크립션 기업에게 있어 가장 까다로운 요소로 손꼽힌다. 서브스크립션에서 가격은 다음과 같은 성질을 가진다.

- 기업을 유지하며 지속적으로 서비스하기 위한 비용 충당 수단인 한편, 추가적인 수익을 거둘 여지 또한 있어야 한다.
- 가격은 서비스가 전달하는 가치에 대한 고객의 기대를 반영해야 한다.
- 책정되는 가격 수준은 고객의 기대를 설정하며, 어떤 고객을 유지할지 결정하는 역할을 수행한다.

가격을 지나치게 낮게 책정하면 재정적으로 어려워지는 것은 물론이고 갱신하지 않거나 항상 더 유리한 거래로 쇼핑하는 이른바 '할인 사냥꾼' 고객을 불러 모을 수 있다. 여러분이 제공하는 상품을 소중하게 여기고 장기적으로 충성스러운 구독자로 남을 고객을 유치할 수 있는 가격 기준을 찾아라.

실제 가격으로 책정한 수치뿐만 아니라 가격 책정 계획의 복잡성 정도를 결정하라. 얼마나 많은 제품군과 선택을 제공해야 할까?

사람들은 선택을 좋아한다. 현대 소비자들은 자신이 구매하는 물건에 어느 정도 선택권한이 있기를 기대한다. 선택권은 우리에게 통제감을 주며, 통제력을 느낄 때 행복해진다.

하지만 거기까지다. 선택권은 가지되 선택지는 단순해야 한다. 선택지를 많이 제시할 경우, 고객들은 이성적이고 분석적인 시고를 발휘하여 최고의 선택을 하기 위해 에너지를 소비해야 한다. 만약 복잡한 기업 소프트웨어를 판매하는 기업이라면 이 분석을 판매 주기의 한 요소로 삼을 수 있다. 일반적으로는 결정에 필요한 인지 활동을 최소화하는 편이 판매 주기를 촉진시키기에 좋다.

이 지점이 흥미로운 부분이다. 인지과학에 따르면 지나치게 많은 선택지는 대개 후회를 낳는다. 어려운 결정을 내린 다음에 오히려 자신의 선택을 후회할 가능성이 더 크다.

잠재 고객에게 지나치게 많은 선택을 제시하는 것은 불만을 낳는 지름길이다.

자신의 경험을 거울로 삼아라. 이를테면 넷플릭스 스트리밍 서비스는 '기본, 표준, 프리미엄'의 단 세 가지 선택지만 제시한다. 넷플릭스는 전면 차트를 할애해 세 가지의 차이를 설명하는데, 이는 사실 고화질 포맷과 동시 화면의 수로 요약된다. 잠재 고객이 결정을 내리는 데 시간이 오래 걸리지 않도록 한 것이다.

만약 당신의 솔루션이 넷플릭스 같은 서비스에 비해 본질적으로 더 복잡한 것이라면 어떻게 해야 할까? 결정 과정을 단계별로 나누는 방안을 고려하라. 그리고 각 단계마다 몇 가지 선택지를 제시하라. 번들이나 개별 애플리케이션으로 구독할 수 있는 어도비 크리에이티브 클라우드를 보라. 이 회사는 매우 쉬운 질문으로 선택지를 제시한다.

"모든 앱을 원하는가, 단일 앱을 원하는가?"

"단일 앱이라면 어떤 것을 원하는가?"

가망 고객이 스스로 과정을 진행해서 결정해야 하는 인지적 부담, 그리고 결정했을 때 후회할 가능성을 최소화하라.

서브스크립션 기반의 약화를 무시하는 경우

이 마지막 문제는 서브스크립션 모델을 오랫동안 채택했으나 서브스크립션 기반이 감소하고 있는 기업에 해당된다.

서브스크립션 경제는 소비자 미디어^{신문, 잡지}처럼 이미 서브스크립션을 이용하는 여러 기업을 파괴하고 있다. 성숙한 구독자 토대를 가지고 있으나 더 이상 성장하지 않는다면 어떻게 하겠는가? 충성스러운 구독자가 이탈하지는 않지만 신규 구독자를 충분히 유치할 수 없다면 자연 감소로 말미암아 전반적인 서브스크립션 기반이 감소할 것이다.

이 경우 서브스크립션 상품을 추가하거나 변경함으로써 표적 시장을 확대할 수 있다. 창의력을 발휘한다면 이 충성스러운 고객 기반이 중대한 자산으로서 변화 과정을 도울지도 모른다.

정부가 지원하는 미국 공영 라디오^{National Public Radio} 방송은 구식 모

231

전략을 실행하기 위한 변화 이끌기

델처럼 보일 것이다. 공영 라디오는 정부 지원뿐만 아니라 기부금으로 '구독'하는 청취자들의 지원을 받아왔다.

공영 라디오는 지금껏 초기 모델을 꾸준히 확대함으로써 신선함과 적절성을 유지했다. 이를테면 팟캐스트 트렌드에 재빨리 가담해 대성공을 거두었다. 공영 라디오는 청취자들에 더 많은 서비스를 제공하고 청취자를 확대하고자 NPR 원^{NPR One} 모바일 앱도 제공하고 있다. 이 앱을 이용하는 청취자들은 전국 및 지역 뉴스, 공영 라디오 팟캐스트, 다른 원천의 팟캐스트를 포함해 맞춤형 음성 콘텐츠를 만들 수 있다. 앱 사용량은 꾸준히 증가하는 중이다.

유서 깊은 〈뉴요커^{New Yorker}〉지는 어린 시절 부모님의 주간지들을 넘겨보다가 내가 이해할 수 있는 만화를 발견했을 때부터 줄곧 내 삶의 일부였다. 이 잡지는 소셜미디어와 온라인 세계까지 영향력을 확대해 기존^{그리고 신규} 구독자에게 가치를 전달할 새로운 방법을 모색하고 있다. 예를 들어 아이폰 앱을 이용하면 유명 시인들의 목소리로 그 인쇄 잡지에 발표된 작품 낭독을 들을 수 있다.

현재 구독자에게 제공하는 가치를 출발점으로 삼아 범위를 확장할 방법을 모색하라.

반드시 기억할 네 가지 절대 규칙

판매 이후에 고객을 지원하고 육성하려면 네 가지 기본 규칙을 기억하고 반드시 준수해야 한다.

첫째, 가치는 고객에서 시작된다.

둘째, 인간이 되어라, 하지만 일관성을 잃지 마라.

셋째, 실수를 품위 있게 처리하라.

넷째, 소름 끼치게 굴지 마라.

이상의 지침은 비단 가치 키우기에만 적용되지 않는다.

당신의 회사는 이미 이 중 일부나 전부를 실천하고 있을 것이다. 앞서 다룬 내용이기도 하다. 하지만 고객과 지속적인 관계를 유지하는 서브스크립션 모델에서 이 규칙들은 선택 사항이 아니다. 준수하

전략을 실행하기 위한 변화 이끌기

지 않으면 안 되는 절대 규범인 것이다. 그런 의미에서 다시 한번 살펴보자.

가치는 고객에서 시작된다

다음의 질문을 통해 지금 시행 중인 모든 가치 키우기 캠페인을 간단히 진단해보자.

그것은 기업을 위한 것인가, 고객을 위한 것인가?

기업이 장기적으로 성공하기 위해서는 고객의 니즈를 충족시켜야만 한다. 고객이 재미있거나 유용하다고 느끼지 않는다면 아무리 빠르게 확산되는 동영상이라 해도, 심지어 광고 어워드에서 수상한다 해도 가치 키우기의 관점에서 볼 때 아무런 의미가 없다.

특히 B2B 산업에서 마케팅 부서는 자사 솔루션의 놀라운 특성을 전달하기 위해 엄청난 시간과 돈을 투자한다. 그런데 테크놀로지 팬인 일부 마케터들은 제품의 특성과, 그 특성이 고객에게 전달하는 혜택을 잘 구별하지 못한다. 즉, 고객에게 전달하는 콘텐츠의 초점을 놓친다.

거대 브랜드는 자사의 스토리에서 주인공으로 등장하는 일에 익숙하다. 나는 이런 요구를 들은 적이 있다.

플랫폼의 미래, 서브 스크립션

"우리 회사 CEO의 통찰력을 보여주는 스토리가 필요하다. 전적으로 CEO에 관한 스토리로 만들자."

이처럼 마케터는 고객이 아니라 주주의 요구에 부응해야 할 때가 있다. 하지만 이를 고객이 이용할 수 있는 콘텐츠를 창조하는 일과 혼동하지는 말아야 하다.

가치 키우기 전략에서는 고객을 스토리의 중심에 놓는다.

조나 삭스Jonah Sachs는 《스토리 전쟁Winning the Story Wars》에서 '부족 마케팅inadequacy marketing', 즉 가망고객에게는 부족한 것이 있으며 오직 구매만이 이 부족함을 채울 수 있다는 개념을 토대로 한 마케팅의 오랜 역사를 다음과 같이 설명한다.

"부족함의 스토리는 우리가 다소 불완전하다고 말함으로써 탐욕과 허영, 그리고 불완전 같은 미숙한 감정을 부추긴다. 그런 다음 어떤 브랜드에서 구매하거나 관계를 맺으면 이런 감정적 불편함을 없앨 수 있다고 제안한다."

부족 마케팅에서 모든 스토리의 주인공은 제품이나 서비스, 혹은 그것을 제공하는 브랜드이다. 실세로 우리 주변에는 적절한 제품만 구입하면 더 똑똑해지거나 부유해지거나 멋져지거나 혹은 갈증을 해소할 수 있다는 메시지가 난무하다.

삭스는 이 접근 방식을 그가 '역량 부여 마케팅empowerment marketing'

이라고 일컫는 것, 즉 고객이 성장과 성숙으로 향하는 길로 들어서게 끔 돕는 마케팅과 대비시킨다. 역량 부여 마케팅을 실행하면 고객이 스토리의 주인공이 된다. 기업과 기업의 솔루션은 고객 여정에서 고객을 지원하고 역량을 부여하는 역할을 한다.

아이패드로 근사하거나 창의적인 일을 하는 사람들을 보여주는 애플의 광고를 생각해보라. 이 광고의 주인공은 애플 고객이다. 기기는 조력자에 지나지 않는다.

서브스크립션의 세계에서 부족 마케팅은 효과를 발휘하지 못한다. 기업의 솔루션은 조작된 부족함이 아니라 고객의 진정한 욕구에 대처하는 것이어야 한다. 그렇지 않으면 고객이 먼저 알아차리고 구독을 취소할 것이다.

반대로 역량 부여 마케팅은 지속적으로 구독자들을 격려하며, 그들의 주도성을 고취시킨다.

가치 키우기의 핵심은 구독자를 고객 여정에 가담시키고 돕는 것이다. 기업의 솔루션이 고객에게 역량을 부여하면 기업 또한 성공을 거둘 것이다.

인간이 되어라, 하지만 일관성을 잃지 마라

우리는 거래하는 조직으로부터 많은 것을 기대한다. 그런 한편 모든 기업이 사실 사람들의 집합체라는 사실을 이해한다. 문제나 질문이 생기면 고객들은 진짜 사람과 상호작용하기를 원한다. 직원들은 자신의 이름으로 블로그나 트위터에 글을 쓰며 '회사 소개' 페이지에 직원들의 사진과 프로필을 실어 기업을 인간적으로 보이게 만든다.

또한, 우리는 기업의 모든 부분에서 일관성을 기대한다. 판매나 서비스 등 어느 부분에서든 간에 이야기를 되풀이하거나 메시지가 뒤죽박죽 되는 것을 원치 않는다. 이런 의미에서 우리는 기업을 단일 실체로 생각한다.

일관성과 인간성에 대한 이러한 기대감은 서브스크립션 마케팅에 큰 영향을 미친다. 마케팅 메시지와 어조, 문체는 판매를 넘어 상호작용에 대한 기대를 불러일으킨다. 마케팅이 전체 브랜드의 특성을 규정하고 나머지 조직은 이 특성에 부응해야 한다.

마케터가 표현하는 특성은 당신의 회사, 그리고 조직 구성원들과 일맥상통하는 것이어야 한다. 만일 자사를 서로 배려하는 가치 중심 조직으로 표현한다면, 모든 부서는 고객과 상호작용 시 이에 상응하는 방식으로 행동해야 한다.

일관성을 보장하는 한 가지 방법으로, 브랜드 스타일 가이드[어떤 프로그램에 사용자 인터페이스를 만들 때 기준이 되는 각종 규칙들의 집합-옮긴이를 만들어 마케팅 조직뿐만 아니라 회사 전체에 공유할 수 있다.

어조와 문체의 일관성은 서면 커뮤니티케이션을 넘어 온라인 상호작용과 전화 통화, 웹사이트 페이지까지 확대되어야 한다. 예컨대 IBM 웹사이트에서 단절된 링크를 클릭하면 "사과드립니다……"라는 머리말로 시작해 정중하게 도움을 제공하는 에러 페이지가 나타난다. 이는 신뢰받는 기업이자 테크놀로지 조언가가 되고 싶은 회사에 적격이다.

이와 대조적으로 긱 스쿼드Geek Squad는 유머 감각을 토대로 세워진 기술 지원 기업이다. 이 회사의 태그라인은 "대중에게 서비스를 제공하고, 테크놀로지를 관리하고, 세계를 보호하기"이다. 직원들은 '특수요원'이라는 배지를 달고 고객이 있는 곳으로 긱모바일GeekMobile® 차량을 몰고 간다. 긱 스쿼드 웹사이트의 에러 페이지에 도달하면 다음과 같은 헤드라인으로 시작하는 메시지를 만나게 된다.

"맙소사, 당신은 인터웹 인터넷과 월드 와이드 웹의 합성어로, 대개 전문 지식이 없는 사용자를 빈정거리며 패러디할 때 쓰인다-옮긴이을 파괴하셨습니다!" 메시지는 다음과 같이 계속된다. "서두르세요! 시공간 구조가 해체되기 전에 작동하는 링크를 클릭하십시오. 아, 불편을 드려서 죄송합니다."

이 두 사례를 보면 브랜드 특성의 표현이 에러 페이지까지 이어지는 걸 알 수 있다.

실수를 품위 있게 처리하라

삶에서와 마찬가지로 사업에서 실수를 저지른다면 곧바로 인정하고 바로 잡아라. "실수를 범하는 것이 인간"이라면 실수를 잘 처리하는 방법을 알아야 한다.

솔직하게 고객과 관계를 맺으면 그리 재미있게 들리지 않는 부정적인 피드백을 받게 될 것이다. 이는 절호의 기회이다. 진짜 문제를 가진 고객을 만날 때마다 다른 수십 명이 같은 고통을 겪지만 말하지 않을 뿐이라고 가정하라. 통점을 찾아 대처함으로써 다른 여러 사람의 상황을 개선할 수 있다. 불평하는 고객에게 감사하라. 당신의 서비스를 향상시킬 통찰력을 제공하고 있으니 말이다.

어떤 문제에 대해 듣거나 실수를 저질렀을 때는 신속하게 숨김없이 처리하는 것이 가장 바람직하다. 소셜미디어 채널은 어떤 실수든지 크게 부풀리지만 허심탄회하게 실수에 대처하면 부정적인 반응들은 결국 누그러질 것이다. 하지만 은폐하거나 고객을 탓하려 한다면 그에 대한 여론은 상상을 초월할 수 있다.

매우 투명한 오늘날의 세계에서 고객과 싸우는 것보다 브랜드를

전략을 실행하기 위한 변화 이끌기

더 추락시킬 일은 없다.

뉴욕 시의 한 유서 깊은 호텔에서 있었던 일이다. 그 호텔은 결혼식에 참석한 누군가가 온라인에 부정적인 후기를 올릴 경우 예식 고객에게 500달러의 벌금을 부가했다. 여러모로 끔찍한 이 아이디어는 소셜미디어를 발칵 뒤집어놓았다. 이 이야기가 고객에게 주는 교훈은 '결혼식장을 예약할 때 계약서를 읽은 다음 서명하라'는 것이다!

소름 끼치게 굴지 마라

빅데이터를 이용한 통찰과 소름 끼치는 행동을 구별하라. 절대 선을 넘지 마라.

테크놀로지와 빅데이터는 고객의 온라인 행동에 대한 통찰력을 실시간으로 제공한다. 이 통찰력을 이용해 우리는 표적을 정확히 겨냥하고 고객을 만족시키는 캠페인을 구성할 수 있다. 하지만 온라인으로 고객을 스토킹하고 기업이 그들의 행동을 지켜본다는 사실을 드러내는 메시지를 보낸다면 겁을 먹는 사람들이 있을 것이다.

한 사람을 만족시키는 일이 다른 사람을 고통스럽게 만들 수도 있다. 고객을 이해하라. 고객이 캠페인을 거슬려하면 '수신 거부'할 수 있는 기회를 제공하라. 여러분의 웹사이트를 방문한 사람이 로그인하지 않

있으니 익명성이 유지된다고 믿을 경우에는 특히 그래야 한다. 쿠키^{사용자}
^{가 네트워크나 인터넷을 사용할 때마다 중앙 서버에 보내지는 정보 파일―옮긴이}를 설치하거나 방문
자를 로그온 상태로 계속 머물게 해도 좋다는 허락을 명시적으로 구
하지 않았다면 모든 방문자와의 커뮤니케이션을 조심해야 한다.

어떤 캠페인이나 개념이 도를 넘는 것인지 아닌지 확신이 들지 않
는다면 몇몇 고객을 대상으로 시험하고 그들의 반응을 확인하라. 당
신이 아니라 고객의 생각이 중요한다. 나아가 조언을 구하는 것은 가
치를 키우는 테크닉이다. 시험에 응해준 고객에게 조언을 구함으로
써 고객과의 관계가 돈독해질 수 있다.

전략을 실행하기 위한 변화 이끌기

서브스크립션, 마케팅의 새로운 기회

이 책에서 다룬 전략들은 다음과 같은 한 가지 핵심적인 진리를 토대로 삼는다. 서브스크립션 기반 기업은 고객이 처음 가입한 이후에도 고객과 지속적인 관계를 유지해야 한다. 고객 마케팅은 '있으면 좋은' 것이 아니라 서브스크립션 사업의 필수조건이다.

마케터가 서브스크립션 트렌드에 적응하는 과정에는 수많은 도전이 도사리고 있다. 하지만 변화의 기회를 찾는 기업에 있어 지금껏 마케팅하기 이보다 더 좋은 시기는 없었다. 자사가 서브스크립션 모델로 이행한다면, 마케팅 전문가는 창의력을 발휘할 수 있는 허가를 받은 것이나 마찬가지다. 범위를 확장해 회사와 고객을 위해 가치를 창조할 수 있다.

플랫폼의 미래, 서브 스크립션

반드시 필요한 창의력

서브스크립션의 세계에서는 과거와 같은 마케팅 규칙이 적용되지 않는다. 따라서 당신은 새로운 규칙을 수립해도 좋다. 적어도 서브스크립션 마케팅에 대해서는, 모든 사람이 현장에서 배우고 있지만 해답을 전부 아는 사람은 없다. 마케팅 대가조차 예외는 아니다.

예산은 많으면 좋겠지만 필수 조건은 아니다. 코카콜라와 프록터 앤드 갬블Procter & Gamble 같은 마케팅에 강한 대기업들이 시장을 정확하게 파악한 중소기업으로부터 중대한 도전을 받고 있다. 콘텐츠 마케팅과 소셜미디어, 디지털 마케팅은 공평한 경쟁의 장을 마련해준다. 변화하는 사업 모델이 가치를 전달하는 새로운 플랫폼을 창조하고 있다.

스토리텔링은 마케팅의 필수조건인 반면 창의력은 프리미엄이다. 파트 1의 사례들이 입증하듯, 평범한 업무 처리 방식에 만족하지 않는 사람들이 고객에게 지대한 영향을 미칠 수 있다.

명심하라. 매 순간 당신은 끊임없이 진화하는 서브스크립션 마케팅 수업에 참여하고 있다. 주변을 둘러보고 배워라.

마케터의 역할이 더욱 막중해진다

고객 가치의 옹호자는 자신의 안전지대를 벗어나 활동하며, 도전을 수용한다. 서브스크립션 사업 모델은 마케터에게 더 중대한 역할을 수행할 기회를 제공한다. 다시 말해, 서브스크립션 세계에서 마케터는 전통적인 판매 이전의 활동을 넘어서 범위를 확대하고 기업의 방향과 총수입에 직접 영향을 미칠 수 있다. 이런 일이 실제로 가능해진다면 고객과의 관계를 유지하는 일에 관여하는 모든 부서와 긴밀히 협력할 방법을 배워야 한다.

이 책에 담은 많은 사례는 비단 마케팅 조직에 관한 것만이 아니다. 고객 성공에 참여할 유력한 후보자들은 고객 지원과 갱신 판매 혹은 계정 관리 부서 등이다. 또한 제품 디자이너, 훈련과 문서화 관련 운영 직원, 그리고 고객의 기대를 설정하고 그에 따라 업무를 수행하는 다른 직원들과 협력할 수도 있다.

조직에서 접촉하는 범위가 넓어질수록 구독자의 경험에 미칠 잠재적인 영향이 더 커진다.

기업 가치 향상을 주도하라

마케팅의 역할은 이제 판매를 성사시키는 데 그치지 않는다. 고객이 계속 구독을 갱신하고 관계를 재개하게 만들려면 진정한 가치를 제공하고 문제를 해결해야 한다. 그러려면 고객을 깊이 이해해야만 한다.

거래하는 조직의 가치를 파악하려는 사람들이 점점 증가하고 있다. 고객과의 지속적인 관계를 강화하려면 기업이 반드시 자사의 가치를 이해하고 널리 알려야 한다.

한 가지 희소식을 전하자면 가치 주도 기업에서 일하는 직원들은 직장 참여도가 더 높다는 사실이다. 당신과 동료들의 직장 생활도 어쩌면 더 즐거워질지 모른다.

그리고 세계를 변화시켜라

서브스크립션 경제가 어떻게 세상을 더 나은 곳으로 바꿀 수 있는지에 대한 내 낙관적인 견해로 이 책을 마무리하겠다.

우선 이 전제부터 시작하자. 성공적인 서브스크립션 기업은 장기적인 안목으로 고객 관계를 고려한다. 따라서 현재 재무 체계의 원동력으로 자리 잡은 서브스크립션 기업 모델은 단기적인 수익에 초점을 맞추는 방식을 약화시킨다. 단기적인 이윤 동기로 말미암아 지속적으로 피해를 입을 수 있으니 이는 바람직한 일이다. 2008년 환경 피해나 경제 위기를 보라. 고객 충성도는 서브스크립션의 성공에 필수조건이다. 고객의 더 깊은 가치관과 조화를 이루는 기업은 크게 유리할 것이다. 가치 주도 조직이 증가할 것이다. 윤리적이거나 가치 주도적인 태도를 택하는 기업이 경쟁 우위를 차지할 것이다.

이 등식이 사회 전반에 미칠 영향을 생각해보라. 세계 경제는 대단히 막강하다. 세계 경제가 사람들이 관심을 가지는 문제로 활동 방향을 천천히 바꾼다면 그 잠재적인 영향은 어마어마할 것이다. 친구들이여, 서브스크립션 경제가 이런 방식으로 세상을 바꿀 수 있다.

감사의 말

지금까지 함께 일한 모든 고객, 서브스크립션 마케팅 목록의 모든 구독자, 그리고 자신의 생각과 스토리를 전해준 모든 독자와 청취자에게 감사한다. 특히 이번 개정판에서는 나의 서브스크립션 마케팅 이메일 목록에 있는 사람들과 초판 독자들에게 고마움을 전해야 마땅하다. 많은 이들이 거듭 스토리와 제안, 통찰력을 제공했으며 덕분에 책이 더 훌륭해졌다.

그런가 하면 이 책에 본인의 스토리와 의견을 실을 수 있도록 허락한 사람들도 있다. 이리트 아이지프스와 링컨 머피는 고객 성공에 관한 소중한 지침을 제공했다. 사라 E. 브라운은 '고객의 소리' 연구에 대한 통찰력을 제시했다. 롤리스 폰테노 3세는 안내심을 발휘해 오랫동안 채용 기업에 대해 설명했다. 라이언 엔젤리는 여러 차례 언바운스의 스토리를 공유했다. 윌 설리반은 라이트 마진의 스토리를 슬랙에 기고하는 호의를 베풀어 주었다. 래넌 라크먼은 플레이닷컴의 스토리로 몇 번이고 나를 즐겁게 해주었다.

로저 C. 파커는 이런 점에서 독특한 범주에 속한다. 그는 2년 동안 적극적으로 협력하며 피드백을 제공하고 흥미로운 서브스크립션 기업을 제시했으며, 언제나 기발한 아이디어를 공유했다.

뱁슨의 '정의하라' 캠페인에 관한 이야기를 전한 캐롤린 호치키스와 캠페인 결과에 대한 상세한 정보를 공유한 사라 사이코라에게 고마움을 전한다. 이 책의 초안은 서브스크립션 동업 조합의 미셸 랭퍼드를 포함한 초창기 독자의 피드백으로부터 도움을 받았다. 또한 사례와 예시를 위해 상세한 콘텐츠를 수집하는 과정에서도 감사할 사람이 많다. 에이미 코너리는 IDC가 실시한 연구의 정보원을 추적하는 데 도움을 주었다. 게이브 와이서트 덕분에 서브스크립션 경제에 대한 주오라의 연구와 분석을 이용할 수 있었다. 마케팅프로프스, 콘 커뮤니케이션, CMO 서베이, 에델만 리서치, 어도비, 토탱고 등의 회사들은 자신들의 리서치 결과를 이용할 수 있는 권한을 제공해주었다.

서비스소스에서는 랜디 브래쉬과 짐 던햄, 그리고 반복총수입에 대한 전문 지식을 공유해준 모든 이들에게 특히 감사한다.

이 책에서 나는 존경하는 여러 작가에게서 얻은 영감(그리고 명언)을 많이 이용했다. 데이비드 머맨 스콧과 앤 핸들리, 그리고 조 폴리치에게서 받은 지속적인 지원은 이 여정을 시작할 때부터 없어서는 안 될 바람으로 내 돛을 부풀려주었다. 나는 조나 삭스, 타일러 몬터규, 사이먼 메인웨어링뿐만 아니라 캐시 클로즈 게스트, 로비 켈먼 백스터로부터 지속적으로 영감을 얻었다. 좀 더 가까운 사람으로는 이 책을 (두 번이나!) 출판하는 동안 내내 안내심과 지원을 아끼지 않았던 우리 가족들이 있다. 그들은 내게 서브스크립션 성공 사례를 제공하고, 실수를 발견하고, 이 책을 향상시킬 제안을 내놓았다. 가족의 사랑과 지원에 영원히 감사할 것이다.